地方高校体育教师专业发展研究

邵林海 著

北 京
冶 金 工 业 出 版 社
2018

内 容 提 要

当前，基于教师专业发展的师资队伍建设和改革，已成为地方高校进行高等教育改革的重要突破点。本书以 H 省五所地方高校为调研对象，对地方高校体育教师在专业发展过程中存在的问题进行了实证研究，并对这些问题进行了归因分析，最后提出了地方高校体育教师专业发展的建议。

本书可作为师范类院校师生的参考书，也可供各类学校及培训机构的教师、学生、研究人员参考。

图书在版编目(CIP)数据

地方高校体育教师专业发展研究/邵林海著.—北京：冶金工业出版社，2018.3

ISBN 978-7-5024-7731-8

Ⅰ.①地… Ⅱ.①邵… Ⅲ.①地方高校—体育教师—师资培养—研究 Ⅳ.①G807.4

中国版本图书馆 CIP 数据核字(2018)第 035975 号

出 版 人 谭学余

地　　址 北京市东城区嵩祝院北巷 39 号 邮编 100009 电话 (010)64027926

网　　址 www.cnmip.com.cn 电子信箱 yjcbs@cnmip.com.cn

责任编辑 曾 媛 美术编辑 吕欣童 版式设计 孙跃红

责任校对 郑 娟 责任印制 牛晓波

ISBN 978-7-5024-7731-8

冶金工业出版社出版发行；各地新华书店经销；北京虎彩文化传播有限公司印刷

2018 年 3 月第 1 版，2018 年 3 月第 1 次印刷

169mm×239mm；10.75 印张；210 千字；162 页

68.00 元

冶金工业出版社 投稿电话 (010)64027932 投稿信箱 tougao@cnmip.com.cn

冶金工业出版社营销中心 电话 (010)64044283 传真 (010)64027893

冶金书店 地址 北京市东四西大街 46 号(100010) 电话 (010)65289081(兼传真)

冶金工业出版社天猫旗舰店 yjgycbs.tmall.com

前 言

在我国的高等教育学校序列中，地方高校的比例超过90%，地方高校已经成为我国高等教育的主体组成部分。但地方高校的发展，尤其在师资队伍建设、经费投入、扶持政策等方面还存在着相当严峻的问题。这就要求地方高校必须寻求高等教育改革新的突破点，来提升地方高校的整体办学质量和教学水平，而基于教师专业发展的师资队伍建设和改革，无疑成为地方高校寻求解决上述问题的重要突破点。也就是说，促进地方高校教师的专业发展，既是教师自身的需要，也是地方高校提高教师队伍整体素质，实现可持续发展的必由之路。体育教师是教师队伍的重要组成部分，其专业发展水平直接影响着教学质量和学生的学习效果。因此，体育教师的专业发展问题十分重要。

本书以H省五所地方高校为调研对象，对地方高校体育教师在专业发展过程中存在的问题进行了实证研究及归因分析，最后提出了地方高校体育教师专业发展的建议。本书采用了混合研究方法，主要结合了量化分析和质性分析的模式。在对地方高校体育教师专业发展现状的总体性分析中，运用了量化分析方法；而在对这些问题进行归因分析时，则运用了深描式的质性研究方法。量与质的有机结合突破了传统研究教师专业发展的桎梏，为地方高校教师专业发展提供了更开阔的思路。

本研究发现，当前地方高校体育教师专业发展主要存在着专业知识发展不足（包括发展渠道偏少、发展形式不够丰富，以及体育教师专业知识发展积极性不高）、专业技能发展遭受漠视（科研导向评价制度的指挥棒作用），以及专业情感发展淡漠（工作满意度低、师生情感联系淡漠）等问题。究其原因，笔者认为，国家和省级层面相关政策和制度设计往往使得地方高校处于不利地位，而地方高校普遍存在的“跟风”重点高校的趋向，对体育教师的专业发展产生消极影响。另外，体育学在高校的学科体系中通常处于弱势地位也是一个重要因素，当然，也不能忽视体育教师个体的专业发展意愿较低的问题。但需要强调的是，这是一个恶性的循环：在高校序列中地方高校处于相对弱势的地位，地方高校“跟风”重点高校且校内资源配置不均，科研导向的评价体制对体育教师的教学积极性构成一定的侵蚀，教师专业发展意愿持续降低，从而进一步强化了地方高校在高校序列中的弱势地位。

为更好地推动体育教师的专业发展，逐渐扭转存在于“地方高校—体育教师专业发展”中的恶性循环，笔者认为，应该从多个维度、多个层面协同推进解决地方高校体育教师专业发展的问题。首先，要转变体育教师专业发展的价值取向，提倡在地方高校体育教师的专业发展中坚持“激发教师专业自主意识”的取向，坚持“以教育素养为核心”的取向，坚持“合作交流”的取向。与此同时，还要努力优化体育教师专业发展的内外在条件，如激发地方高校体育教师专业发展的主动性，创设引导地方高校体育教师专业发展的政策环境，拓展地方高校体育教师专业发展的途径等。

本书是牡丹江师范学院博士科研启动基金项目“高师院校体育教师专业发展研究”（项目编号：MNUB201631）的研究成果，感谢牡丹江师范学院对课题研究的资助和支持。在本书的编写过程中，教师教育学院李春英老师进行了初步统稿工作，研究生赵宝库、张新明、张传鹏、王俊珲、葛洪坤、高云曼、彭慧、王丹、李昌硕、张皓轩、杨凡会、孙佳钰、王子卓、谢伟、张阳光对书稿进行了校对，本科生唐萌、佟玉莲、李欣进行了数据的录入，在此表示衷心地感谢！

著　者

2017 年 10 月

目　录

导　论

第一节　研究背景

地方高等院校承担着为地方培养高素质人才，推动区域经济社会发展的重要任务。根据《2015年全国教育事业发展统计公报》显示，我国地方所属所管普通院校（2134所）就已经占到了全国普通高校总数（2285所）的93.4%，同时，地方普通高校本、专科在校学生2391.64万，占全国总数2625.30万的91.1%。地方普通高校本、专科招生681.77万，占高校招生总数737.85万的92.4%。[①] 这说明，地方高校无论是学校数量还是学生人数，都占到了我国高校的绝大多数，是我国高等教育主要的承担者。随着高等教育大众化发展进程的深入，地方高等院校在办学规模不断扩大的同时，也面临着越来越多的挑战：一方面，与学校学生数量的快速增长不同，地方高校的师资力量、办学经费的增长速度却相对缓慢，这就导致学校的办学质量出现了一定程度的下滑，学校的社会声誉受到了挑战；另一方面，出于对创建"综合化高校"的追求，很多地方高校在没有充分考虑学校传统和自身特点的情况下，就盲目增开了一批新专业，这就导致学校的办学特色不足、同质化现象严重，学校的竞争力受到了挑战。上述挑战要求地方高等院校必须尽快明确自身的办学思路和办学定位，从而提高学校的办学质量，为学校的生存与发展创造条件。

一、时代要求

强教必先强师，只有高水平的教师队伍才能有高水平的教育质量。地方高校教师的素质、能力与观念是决定地方高校发展的关键因素，他们的专业素养和专业发展水平，不仅直接关系到大学生在课堂中的所学和所得，而且还对一所高校课程内容、专业门类、办学方向的改革，有着非常明显的制约作用。因此，优化学校教师的数量、结构、业务能力、教育观念，借以打造高水平的师资队伍，是地方高校实现科学办学、特色办学的关键所在。

优化地方高校教师队伍，可以从"引进"和"内生"两方面着手。"引进"

---

① 数据显示：地方大学数量占全国高校总数93.4%［EB/OL］. http：//www.gov.cn/xinwen/2016-07/06/content_5088866.htm，2016-07-06.

主要是通过公开招聘、人才引进等方式实现教师队伍数量和结构的优化；“内生”主要是通过在职培训、促进教师自我反思等方式推动教师的专业发展。这两种方式对打造一支高水平的教师队伍都非常重要，但“引进”方式常会受制于用人政策、名额划拨、人员需求等因素的影响，并不是十分稳定，地方高校有时很难对其进行积极地干预和控制，而“内生”方式则多是通过学校的促进和教师个人的努力就可达成，它更容易被干预和控制。因此，在优化教师队伍两种方式中，以推动教师的专业发展为主要实现途径的“内生”，是更加直接有效的操作方式。

二、现实要求

地方高校体育教师是地方高校教师群体中的一个特殊组成部分，是地方高等院校学校体育工作的主要承担者，他们既像其他学科的教师一样从事着日常的教学和科研工作，而且还担负着校内外赛事组织、带队训练、比赛指导等运动训练竞赛方面系列任务。因此，地方高校体育教师的专业发展，不仅事关他们个人专业素养和专业能力的提高，而且还会对地方高校的体育课堂教学质量、体育科研水平、在校大学生体质健康状况，以及运动队竞赛成绩等学校体育工作各个环节的改善与优化带来直接影响。

然而，与地方高校体育教师专业发展重要性形成鲜明对比的是，学界对这一领域的研究还比较滞后，有时还会出现将体育教师和体育教练员的专业发展混同而谈的问题。

首先，有关地方高校体育教师专业发展的思考，远远落后于教师专业发展研究的整体水平和进度。具体而言，到目前为止，国内理论界虽然已经有不少和教师专业发展相关的研究成果，且国内大多数地方高校也都出台了促进本校教师专业发展的规章制度，但专门针对地方高校体育教师专业发展的研究还并不多见，地方高校教师专业发展在整个教师专业发展研究领域中处于比较边缘的位置。概言之，即与教师专业发展一般性研究的“硕果累累”相比，体育教师专业发展研究领域明显呈现出进展缓慢甚至落后的状态，国内外教师研究中取得的很多新认识、新理论，都还没有被应用到体育教师专业发展这一研究领域中来。

其次，有关地方高校体育教师专业发展的思考，时常被拘束在体育技能的层面上，一些研究在强调体育教师的专业发展应“服务学生运动技能学习”的同时，却弱化了体育教师的专业地位，弱化了教育理论和教育实践对体育教师专业发展的价值。具体而言，在一些探讨体育教师专业发展的研究中，体育教师和教练员的身份边界还不够清晰，体育教师似乎和教练员一样，是在“运动训练”而非“教书育人”的过程中成长起来的。实际上，尽管传授体育技能、增强学生体育活动能力是体育教师的重要任务，但二者的职责、需要的专业素养、专业发展的方式方法有着很大的区别，这类带有“运动技能中心取向”的研究不仅模糊了体育教师作为学校教育领域的专门从业者专业性，而且有悖于教师队伍专业化的总体趋势。

面对地方高校体育教师专业发展研究中存在的上述问题，我们有必要以培养高水平体育教育专业者为立场，一方面，从理论层面澄清地方高校体育教师专业发展的内涵、特点和规律；另一方面，从实践层面深入了解地方高校体育教师的现状、问题与原因，从而对地方高校体育教师专业素养的提升以及地方高校师资队伍的“内生式”优化有所促进。

选择地方高校教师专业发展作为研究对象，旨在澄清地方高校体育教师专业发展的内涵与价值，分析地方高校体育教师专业发展现状、困境及面临的主要问题，进而在符合地方高校特点和体育教师职业特点的前提下，探究推动地方高校体育教师专业发展的基本策略，以期为新时期我国高校体育教师专业发展提供更好的理论与实践指导。

第二节 研究意义

体育教师的专业发展是构建专业化体育教师队伍的前提和保障。研究地方高校体育教师专业化的相关问题，有助于我们梳理教师专业发展的相关理论，了解地方高校体育教师专业发展的现状，从而更有针对性地促进体育教师专业发展进程，帮助他们完善自身的专业素养。总体来说，本书的研究意义体现在：有利于明晰地方高校体育教师专业发展的相关理论，有利于认清地方高校体育教师专业发展的特殊性，有利于了解地方高校体育教师专业发展的现实问题，有利于寻找到推动体育教师专业发展的有效对策等。

一、有利于丰富教师专业发展的相关理论

教师专业发展理论，并不是一个新兴的教育研究领域，国内外学者已经围绕这一问题取得了很多的研究成果，为后续研究的展开奠定了坚实的基础。但是，就国内外的研究现状来看，针对地方高等院校教师，尤其是地方高等院校体育教师专业发展的研究还并不多见。实际上，地方高等院校由于在师资来源、管理体系、发展平台等方面和部属大学存在诸多不同，它们中教师的专业发展是有其特殊性的。本书从地方高等院校的现实状况出发，结合地方高等院校的特点和需要，分析这类学校中体育教师专业发展内涵、规律和必要性，不仅有助于丰富教师专业发展理论研究的内容，也有助于更加深入地认识地方高校教师专业发展的特殊性。

二、有利于拓展学校体育学科的研究领域

高校体育教师是高校体育教学实践活动的直接实践者，担负着大学生健康的促进、体质的增强、良好锻炼习惯的养成等重任，是实现学校体育总体目标不可或缺的力量。整体上看，尽管教师专业发展是学校体育学的一个重要研究领域，但学校体育学研究者更多的是将体育教师专业发展研究的重心放在中小学体育教师身上，对高校体育教师专业发展的研究关注较少。本书选取地方高校体育教师为研究对象，通过对他们专业发展状况的分析，不仅可以加深对体育教师专业成长、专业发展的规律性认识，还可以更有针对性地了解高校体育教师专业发展的现实问题与促进策略，从而拓展学校体育学科中有关体育教师专业发展的研究领域，进一步充实该部分的内容。

三、有利于了解地方高校体育教师专业发展的现状

对地方高校体育教师专业发展现状进行探讨，是为了适应我国高等教育改革不断深化和地方性高校体育教育改革需要，也是提高地方高校体育教师社会地位和提高教师自身专业发展的需要。地方高校体育教师的专业发展现状，是促进地方高校体育教师专业发展和提高地方高校体育教学质量必须思考的首要问题。本研究主要以地方高校体育教师专业发展的基本内涵分析为起点，借助问卷调查、访谈等方式，以 H 省五所地方高校的体育教师为研究对象，对其专业发展现状进行调查，进而以点带面，分析目前地方高校体育教师专业发展中存在的不足，探索地方高校体育教师专业发展的促进因素，提出在适应未来高等教育的新形势下，如何更好地促进地方高校体育教师专业发展的对策和措施，从而为地方高校教育管理部门制定有关高校体育教师政策和高校体育改革提供有益的参考建议，也为进一步探讨地方高校体育教师专业发展研究提供有价值的借鉴。

四、有利于提升地方高校体育教师的专业发展水平

随着 2007 年中央七号文件的颁布，青少年的体质健康持续下滑问题引起了全社会的共同关注。其后，在国家教育、体育管理部门的大力推动下，借助阳光体育运动、一校一品工程等形式，青少年的体质健康水平有所恢复。《2014 年国民体质监测公报》显示，在中小学生身体素质继续呈现稳中向好趋势的同时，大学生身体素质继续呈现下降趋势。要想提高大学生的身体素质，最直接也是最有效的方式，就是提高体育课教学质量，而体育教师作为体育课堂的教学质量的第一责任人，他们专业素养的高低，在一定程度上决定着学校体育质量的高低。因此，优化体育课堂教学质量，改善大学生体质健康状况，有赖于高水平的体育师资队伍。在本研究中，梳理地方高校体育教师专业发展的相关理论，了解地方高

校体育教师专业发展的现状，最为根本的目的还是要推动地方高校体育教师的专业发展、提升他们的专业素养。换言之，本研究的重要任务之一就是在尊重地方高校现实、着眼地方高校未来发展的基础上，探究那些能够促进地方高校体育教师专业发展的可行策略，这不仅可以为地方高校推动体育教师的专业发展提供一些参考意见，而且也有助于以体育师资建设带动体育课堂教学质量的提高。

第三节 研究综述

对于国内学者来讲，高校体育教师专业发展这一课题还较为陌生，鲜有涉足，但教师专业发展却不是一个“新话题”，世界各国专家早已关注这一问题，并进行了大量、深入的研究，形成了一些有价值的理论和观点，对此笔者将围绕教师专业发展、体育教师专业发展、地方高校教师专业发展等几个领域，对已有研究进行分类评述，为进一步拓宽本书的思路和视野，明确研究方向和研究重点奠定基础。

一、关于教师专业（化）发展的研究

（一）教师专业发展概念的研究

对于从哪些方面对“教师专业发展”进行解读，国外学者有多种不同看法。哈格里夫斯和富兰（Hargreaves&Fullan，1992）认为知识与技能的发展、自我理解和生态改变是理解教师专业发展的核心内容。其后，哈格里夫斯（Hargreaves，1995）提出了更加全面的观点，他认为解读教师专业发展应该从技能和思想两个层面进行，即知识、技能等技术性维度和思想道德、情感等思想维度。Day（1999）则主要从学习经验和活动方面来描述教师专业发展，尤其他将“教师的活动”要素也加入了教师的专业发展，指出教师专业发展包括教学经验的积累和有意识的各种活动组织，这些经验和活动对于学生、教师和学校都是有益的，最终能够有效地提高教学质量。①

在国内，比较具有代表性的是叶澜教授的观点，她认为：“教师专业发展就是教师的专业成长或教师内在专业结构不断更新、演进和丰富的过程。”② 与之相似的还有卢乃贵、钟亚妮（2006）的观点，他们同样认为教师的专业发展关键还是在于知识技能的提高与更新，以及工作经验的积累，以此来提高自身工作能力。任其平（2010）也有类似于以上学者的观点，但他认为阐述教师专业发展应

① DayC. Developing teachers：The challenges of lifelong learning. London：Falmer Press，1999.

② 叶澜．中国教育学科年度发展报告．2001［M］．上海：上海世纪出版集团，上海教育出版社，2002.

该更加注重教师专业素养的提高，以提高教师自身知识、技能、理念、思想素质等专业素质作为教师专业成长和专业成熟的基础，是将非专业人员培养成为符合当前教师要求的专业性人才的过程。①

还有学者从其他方面对教师专业发展进行了描述，如有学者关注“学习”在教师专业发展中的地位，如朱宁波等人（2002）认为，“教师个人在历经职前师资培育阶段、任教阶段和在职进修的整体过程中都必须持续地学习与研究，不断发展其专业内涵，逐渐达到专业圆熟的境界”。② 还有学者特别强调了教师专业发展的自主性，宋广文、魏淑华（2005）指出，“教师专业发展是指教师个体的专业知识、专业技能、专业情意、专业自主、专业价值观、专业发展意识等方面由低到高，逐渐符合教师专业人员标准的过程。”③ 另外，也有学者指出了教师专业发展的终身性，认为教师的专业成长是教师发展的核心，这种专业成长是一个终身学习过程。④

朱旭东（2014）以“理论模型”的方式，对教师专业发展的进行了理论建构。他认为教师专业发展的理论模型由教师专业发展的内涵、层次、基础、机制和环境等部分共同组成。其中，教师专业内涵包括教会学生学习、育人和服务三个维度。教师专业发展的基础包括教师精神、教师知识、教师能力。教师专业发展的机制是教师运用自身经验、反思、理论等条件实现育人目标的活动过程，也是运用教师精神、教师知识、教师能力等专业基础的活动过程。机制产生作用需国家制度、学校文化、学习社群和班级互动等教师专业发展的环境建设。⑤

崔允漷、王少非（2014）通过对以往教师专业发展概念的分析指出，以往对教师专业发展的理解是存在偏差的，其中隐含着专门职业高于一般职业的假定，但这种假定未必成立。他们认为，专业是一种实践，专业规定了边界，专业还意味着精熟，而教师的专业发展就是教师专业实践的改善，同时，既然由于教师工作的本质是培养人，那么衡量教师专业实践改善的根本标准也就是促进学生的学习和发展。⑥

（二）关于教师专业化概念的研究

教师专业化是一个和教师专业发展高度相关的概念。国外学者对教师专业化的讨论开始得较早，他们对这一问题的讨论主要针对的是教师职业中“不专业”“不规范”的问题，意即如何通过对教师培养方式、教师从业标准、教师职业能

① 任其平．论教师专业发展的生态化培养模式［J］．教育研究，2010（8）：62~66.
② 朱宁波．中小学教师专业发展的理论与实践［M］．长春：吉林人民出版社，2002：72.
③ 宋广文，魏淑华．论教师专业发展［J］．教育研究，2005（7）：71~74.
④ 王长纯．教师专业化发展：对教师的重新发现［J］．教育研究，2001（11）：45~48.
⑤ 朱旭东．论教师专业发展的理论模型建构［J］．教育研究，2014（6）：81~90.
⑥ 崔允漷，王少非．教师专业发展即专业实践的改善［J］．教育研究，2014（9）：77~82.

力的改造和优化，使教师成为一个具有较高专业标准和特殊能力素养的专门职业，进而提高教师的社会声誉和经济地位。美国在 20 世纪 70 年代中期提出了“教师专业化”的口号，借以提高公共教育质量，推动教育教学活动成为一门真正的专业。1986 年霍姆斯小组和卡内基教育促进会相继发布《明天的教师》和《国家为 21 世纪准备教师》两份报告，无独有偶，它们都将教师职业的专业化作为了教师职业发展的重要目标，提出要不断提高教师的专业地位，使教师职业由“行业”变为“专业”。这两份报告对教师职业的发展产生了重要影响，专业化成为了教师职业的重要发展方向和目标。1989~1992 年，经济合作与发展组织相继发表了《教师培训》《学校质量》《今日之教师》《教师质量》等系列研究报告，其中同样论及了大量教师专业化、专业发展的内容。到 1996 年，在第 45 届国际教育大会上，联合国教科文组织明确提出专业化是提高教师地位“最有前途的中长期策略”。

20 世纪 90 年代以来，随着教育改革的不断深化，尤其是《中共中央国务院关于深化教育改革全面推进素质教育的决定》中“鼓励综合性高等学校和非师范性高等学校参与培养和培训中小学教师的工作，探索在有条件的综合性高等学校中试办师范学院”① 的要求提出以后，中国的师范教育面临着越来越严峻的挑战，对教师教育是培养“学科带头人”还是培养“教育专家”，是注重“学科性”“学术性”，还是注重“教育性”“师范性”的问题展开了广泛而深入的讨论，针对“当前对中小学教师的培训，应该是着眼于对他们知识、技能和观念的进一步补充，还是应该强调对他们作为教师在整体素质上的转型”的问题，引发了“教师专业化”的研究。

关于教师专业化的研究，一般都从专业化一词入手，从研究什么是专业化开始。刘捷（2002）指出，专业化或专业社会化（有学者称专业化为专业社会化）有两层涵义：“一是指一个普通职业群体逐渐符合专业标准、成为专门职业并获得相应的专业地位的过程；二是指一个群体的专业性质和发展状态处于什么情况和水平”，在此基础上，她又提出了教师专业化的概念，即是教师在整个专业生涯中，依托专业，通过终身专业训练，习得教育专业知识技能，实施专业自主，表现专业道德，逐步提高自身从教素质，成为一个良好的教育专业工作者的专业成长过程。另外，刘捷还认为，教师专业化是由教师个体专业化和教师职业专业化共同构成的共同体，教师专业化或称教师专业社会化，是指教师个体专业水平提高的过程以及教师群体为争取教师职业的专业地位而进行努力的过程，前者是教师个体专业化，后者是教师职业专业化。②

---

① 中共中央国务院关于深化教育改革，全面推进素质教育的决定［EB \ OL］.http：//www. moe. edu. cn/publicfiles/business/htmlfiles/moe/moe_ 177/200407/2478. html，2016-01-15.

② 刘捷．专业化：挑战 21 世纪的教师［M］. 北京：教育科学出版社，2002.

陈琴等人（2002）从静态、动态两个角度对教师专业化进行了分析，动态即是教师个体通过自发的努力不断的成长，包括专业技能、理论知识和思想水平的成长，逐渐发展成为一名合格的专业教育人才；静态是从教师这一职业的角度入手进行阐述，即是“教师职业”真正成为一个得到社会认可和尊重的专业。①

（三）教师专业化与教师专业发展的关系

通过前文的论述和总结我们知道，教师专业化和教师专业发展是两个高度相关的概念，那么，他们到底存在怎样的内在联系呢？为此，有很多学者探讨了教师专业化和教师专业发展之间的关系，主要有三种不同的看法：

第一种认为，教师的专业发展和教师的专业化是等同的。例如，有学者指出：“教师专业发展就是教师专业化的过程。”②

第二种认为，教师专业发展是教师专业化的子体，它们之间是从属关系。例如，一些学者认为，教师在教学过程中运用各项专业知识技能以及通过不断地补充和调整自身知识深度和知识结构以提高授课质量，这一系列过程就是教师专业发展，而教师专业化是更高层次的概念，关注点在教师这一社会职业，通过提高教师队伍整体学历、提升教师队伍管理水平来提升教师职业社会地位。③ 再如，有学者指出，教师专业化是以教师专业发展为最根本目的的，而教师专业发展的最核心内容是教师素质的提高，教师素质的提高必须依赖于可以衡定的标准——教师素质标准。反过来说，只有明确的教师素质标准才能使教师素质的提高有标可寻，只有教师素质的提高才是真正的教师专业发展，才有教师专业化和教师教育。④

第三种认为，教师的专业化和教师的专业发展是不同的。例如，有学者指出：“教师专业化和教师专业发展不是同一概念。教师专业化是指教师职业专业化的过程；教师专业发展则是指教师个体由不熟练、不成熟逐渐成长为成熟的、专业性强的专家型教师的过程。即一个是教师职业的专业化，一个是教师个体专业的发展。”⑤

二、关于教师专业发展的实现方式或推进策略的研究

陈向明、张玉荣（2014）特别强调了“校本学习”对教师专业发展的意义和价值，指出，以往我国中小学和幼儿园教师的专业发展的途径主要是短期集中

---

① 陈琴，庞丽娟，许晓晖．论教师专业化［J］．高等师范教育研究，2002（6）：26~32.

② 吕济峰，王丹．教师专业发展的哲学思考［J］．边疆经济与文化，2005（12）：120~121.

③ 张贵新．对教师专业化的理念、现实与未来的探讨［J］．外国教育研究，2002（2）：50~55.

④ 王立国．基于教师专业发展的教师素质标准研究［D］．兰州：西北师范大学，2007.

⑤ 刘艳秋．教师专业化理念的建立和发展［J］．赤峰教育学院学报，2005（6）：98~99.

培训和行政要求下的教研活动。在资源短缺、人力不足的历史发展时期，这种模式对提高教师的教育教学水平做出了很大贡献。然而，在改革开放 30 年后的今天，这种模式已经不能适应社会和教育发展的要求。为此，陈向明、张玉荣结合国内外相关研究成果，认为由于教师的学习具有整体性、缄默性和情境性（再情境化）等特征，所以，要重视校本学习对教师的专业成长的独特作用。①

阳泽、杨润勇（2013）研究了“教师自组织”在教师专业发展中的作用，指出教师的专业发展应摆脱由外部主导和对外部的依赖现状，充分发挥自组织在专业发展中的作用。教师的自组织是推动专业向高级复杂演化的重要机制，具有专业统整、专业智慧生成和专业创新功能。作为自觉有目的的活动，教师的自组织依赖开放性的专业活动过程、非平衡的专业工作状态、非线性的教学体系、自主的专业决策和留有教学闲暇。在专业活动中，教师的自组织依托“实践—反思”“交往—对话”“自我叙事”“写作—科研”等模式发挥对教师专业的促进作用。②

周坤亮（2014）在对 14 份“有效的教师专业发展的特征列表”进行分析的基础上，对教师专业发展提出了一些建议。他认为：其一，教师专业发展需要良好的情境支持，教师专业发展要与学校、学区，乃至国家的教育改革目标相一致，也需要有强有力的领导、充足的资源保障等。其二，教师专业发展需要选择恰当的内容，学科内容知识和学科教学法知识尤为重要。其三，教师专业发展需要施以合理的实现过程，有效的教师专业发展应是一个持续的过程，需要合作、多样化的活动形式和持续的反馈，并且它还应嵌入教师的日常教学实践。③

任其平（2010）通过分析教育生态观、国外教师专业发展的培养模式后指出，生态取向的教师专业发展的培养模式认为，教师专业发展要依靠自身的努力，更要加强与他人的合作；需要不断积累和总结教学经验，更要整合各种教学资源；需要具备本学科的专业知识技能，同时需要跨学科综合素质的提高。要在现实中实现这种取向，就要关注自我意象、反思教学实践、营造教师文化、形成教学共同体、整合各种资源，建立多方力量共同参与的评价制度。④

殷世东（2014）指出，在当前的教育实践中，教师专业发展的观念由“理智取向”“实践反思取向”，逐步转向“生态取向”。在教师教育过程中，由于教育观念阻隔、师范教育制度阻隔、教师培养方式与教师个体生存方式钳制等原因，导致教师专业发展出现了个体生态失调、教师群体生态失序、教师生态系统

---

① 陈向明，张玉荣．教师专业发展和学习为何要走向“校本”［J］．清华大学教育研究，2014（2）：36~43.

② 阳泽，杨润勇．自组织：教师专业发展的重要机制［J］．教育研究，2013（10）：95~102.

③ 周坤亮．何为有效的教师专业发展——基于十四份“有效的教师专业发展的特征列表”的分析［J］．教师教育研究，2014（1）：39~46.

④ 任其平．论教师专业发展的生态化培养模式［J］．教育研究，2010（8）：62~66.

失衡等问题，阻碍了教师专业发展。为此，第一，我们就要弃去教师专业发展的观念滞痼，树立生态取向价值理念；第二，要破除教师专业发展的制度陈规，建构合理的教师流动机制；第三，要冲破教师专业发展生存钳制，营造生存生态环境，即在职前培养过程中，要加强师范生的实践教学，注重全程实习，在师范生进入工作岗位以后，必须组建专业发展的社群，形成学习和实践共同体。①

另外，王中华（2015）指出，教师在专业发展过程中存在文化冲突，也存在心理危机。那么，在教师专业发展进程中，就需要教育家思想的关照，还需要教师文化的构建，也需要教师的心理调适，更需要教师的培训，而且需要教师成为知识资本家，加强教师评价制度的改革和发展，从而从理论层面、文化层面、实践层面、制度层面上，保证教师专业发展的顺利进行。②

三、关于地方高校的研究

胡春光（2004）指出，地方高校主要是从地域划分角度来讲的，指依托中心城市（主要是地级市），适应和服务一定区域的社会经济发展需求，并与该地区共生共荣的高等院校。同时，胡春光还研究了地方高校在发展中存在的突出问题，主要有学校应付扩招的压力很大，教育质量保障体系呈下降趋势，地方院校的改革和发展没有得到当地政府有效的支持，教育经费投入的力度不足，生源质量下降和大部分新升格院校招生困难，师资力量紧张等。③

樊彩萍（2004）指出，我国100余所普通高校中，地方高校已占到70%，成为了高等教育的主力军。能否充分发挥这支主力军的作用，直接影响到我国高等教育的发展，关系到“科教兴国”战略的实施，关系到全面建设小康社会目标的实现。为了更好地发展自己，与传统的名牌大学相比，地方院校应下移重心，立足区域，找准定位，办出特色，在人才培养、科学研究、社会服务方面寻找自己独特的发展空间。④

吴庆华（2013）对地方高校的界定是“地方政府投资、主管的高等学校”，它们主要有三个特点：其一是主办者为省级人民政府，投资者以省级人民政府，也可能以地级市人民政府为主；其二是服务面向以投资者管辖的省市及其所辐射的区域为主；其三是人才培养规格以本科教育为主，包括部分硕士研究生和博士研究生教育。⑤

金利（2014）在回顾地方本科高校发展历史的基础上，对地方本科高校的概

① 殷世东．生态取向教师专业发展的阻隔与运作［J］．教师教育研究，2014（9）：36~41.
② 王中华．当代教师专业发展研究［M］．北京：中国财富出版社，2015：315~348.
③ 胡春光．当前地方院校发展面临的若干问题论析［J］．黑龙江高教研究，2004（10）：78~80.
④ 樊彩萍．地方院校发展策略思考［J］．当代教育论坛，2004（1）：11~14.
⑤ 吴庆华．地方高校青年教师发展研究［D］．武汉：华中科技大学，2013.

念做了界定，认为地方本科高校是适应高等教育大众化与知识经济社会发展的需要，与地方经济生产密切联系并为地方经济服务，以实施应用性教育为主体，侧重应用型人才培养，注重对学生进行应用性知识技能培养和训练，以培养适应地方经济社会发展需要的应用型人才为目标的新型大学。他进一步对地方本科高校的特殊性进行了澄清，指出地方本科高校具有很强的地域性，其服务区域明确，以满足地方区域经济发展和行业需求为己任，为所在地方培养理论应用能力、实践动手能力和创新能力较强的高级专门人才。地方本科高校既注重学生理论基础知识的学习，同时，学生的实践动手能力也是地方本科高校培养的重心。①

蔡宗模等（2016）认为，“双一流”建设是部属院校或重点大学的任务，而与地方院校无关的认识，是放弃历史选择和责任的短视行为，“双一流”战略作为中国高等教育整体发展战略的一部分，不应排斥地方院校在分类发展中追求卓越，争创一流。从政策契机来看，“双一流”战略提出打破身份固化、引入竞争机制、避免重复交叉，这为地方院校的超越发展提供了选择性和多样性可能。作者在文中将管理学中的“蓝海战略”引入到了地方高校的发展战略之中，指出：地方院校既要与全国重点大学错位，避免研究型追赶误区，也要与同类地方院校错位，避免同质化发展倾向，积极开拓本土资源和全球市场，在服务、特色和优势上下功夫。基于这类院校的特点和现状，地方院校走向卓越要经历三个阶段的修炼：夯实基础，扎根地方；彰显特色，逐鹿区域；追求卓越，走向世界。为此，建议政府：（1）力戒马太效应，力避短板效应，重视长尾效应；（2）尽快完善高校分类发展的政策规划和相应的财政支持体系；（3）作为“双一流”战略的补充，出台“一流专业”支持计划。他们建议地方院校要有追求卓越的决心和具体的战略规划，要真正扎根本土，办出特色，要力争在“点”上突破。②

四、关于高校教师专业发展的研究

潘懋元、罗丹（2007）③ 指出，高校教师发展制度是保障教师质量，进而提高高等教育质量的必然要求，他们认为，从广义上说，高校教师发展可以是所有在职大学教师，通过各种途径、方式的理论学习和实践，使自己各方面的水平持续提高，不断完善。因为随着社会的发展和知识的丰富，人类必将进入终身学习社会，高校教师作为终身学习社会中的一员，必须要结合特定职业岗位的需要，不断学习，不断提高。从狭义上说，高校教师发展，更多地强调其作为教学者的

① 金利．地方本科高校教师教学能力发展研究［D］．重庆：西南大学，2014.

② 蔡宗模，吴朝平，杨慷慨．全球化视野下的“双一流”战略与地方院校的抉择［J］．重庆高教研究，2016（1）：24~32.

③ 潘懋元，罗丹．高校教师发展简论［J］．中国大学教学，2007（1）：5~8.

发展和提高，也就是强调教师教学能力的提高，在某些国家或地区的特定阶段，因为教育发展水平以及认识的差异，它甚至可能仅仅指新教师培训。另外，作者对高校教师专业发展的策略也进行了分析，提出当前高校应该提高重视加强教师职前培训、职后培训，建立科学完善的培训体系，建立教师发展奖惩机制，调动教师积极性。①

林杰（2006）指出，大学教师的专业素质直接关系到高等教育的质量。大学教师发展不能满足于单纯的物质需求或者短时性的在岗培养，而必须建立一种新的专业发展观。林杰认为，大学教师专业发展是高校教师从事教学、研究及服务工作时，经过独立自主、相互协作的活动，引导自我反省与理解，最终提高教学、研究及服务等专业技能。要带动高校教师的专业发展，在宏观上，我们应该研究在制度和政策层面如何为大学教师专业化发展提供有利的外部环境，在微观上，从学校本身入手，为高校建立科学完善的教师专业化发展机制提出建议和对策。就微观方面具体而言：第一，要明确责任人的问题，重视教师职后培训，建立长效教师培训机制；第二，树立教师专业发展的全员性观念，即教师发展不仅是知名学者、专家享有的特权，而是所有教师的普遍权利；第三，要建立一个以教学、研究实际技能为基准的教师专业发展评估体系。②

吴庆华（2013）指出，高校教师发展主要是以提高高校教师教学水平和专业能力为核心，促进他们有效地完成各种工作任务的有关理念、方法和实践的综合性概念。其主要内容包括教学发展（提高教师教学技能、提高学生学习成绩、提高教学质量）、专业发展（教师专业角色的成长与发展）、组织发展（改善教师、学生、管理人员所处的组织环境，营造良好的组织氛围）和个人发展（增进高校教师人际交往能力、改善健康以及促进职业发展的活动）等。③

另外，还有学者对大学教师尤其是青年教师的专业发展的专业发展的途径进行了研究。谢培松（2007）分析了“大学教师不需要专业发展”这一认识误区，特别提到了目前青年教师在高校所占比例越来越大，在有些新建院校或新兴学科中所占的比例更高。这些青年教师的专业学习一般都较出色，知识面广，外语水平高，接受信息能力强。但许多青年教师未学过教育科学理论，更未受过高等教育职业训练，因而加强教育专业知识和能力的学习与训练是十分必要的。他还提出了大学教师专业发展的途径，它们主要包括提高对大学教师专业化的认识、建立大学教师的职业标准、完善大学教师教育制度和构建多元化的大学教师教育模式。④

---

① 樊彩萍．地方院校发展策略思考［J］．当代教育论坛，2004（1）：11~14.

② 林杰．大学教师专业发展的内涵与策略［J］．大学教育科学，2006（1）：56~58.

③ 吴庆华．地方高校青年教师发展研究［D］武汉：华中科技大学，2013.

④ 谢培松．大学教师专业化建设：一个不应忽视的问题［J］．中国电力教育，2007（3）：106~108.

也有学者从国际比较的视角对高校教师的专业发展进行了研究。李俐（2013）系统回顾了英国高校教师专业发展的历史、英国高校教师的专业标准、英国高校教师专业发展的组织机构等内容，并归纳了英国高校教师专业发展的特点，即英国高校教师发展的过程中注重政策体系的支持与保障，注重建立层次明确的组织模式，注重专业标准的引领性和指导性，注重评估方式的可行性和监督性，注重激励机制的有效性和多样性，注重项目设计的多元化和人性化。同时，李俐也指出了英国高校教师专业发展的未来走向，分别是强化教师自主发展的主体意识、注重专业标准对教师发展的引领、充分发挥项目实施的统合机制、强化教师激励的引导作用、加强教师发展的效果评估等。①

李华（2014）指出了地方高校青年教师在专业发展中面临的困难，认为地方高校青年教师是个特殊群体，他们学历高、思想活跃、精力充沛，他们肩负着教育事业和学校的未来，渴望成长，对科研充满热情。但由于初入社会，一系列问题阻碍了他们的职业发展，特别是在刚踏入校门阶段，他们在教学和科研方面缺乏经验，在事业规划方面缺乏成熟的指导，社会地位方面缺乏相应的重视，社会现实的冲击削弱了事业起步的热情，针对这种状况，高校和相关部门应该加强政策和环境建设方面的建设，促进青年教师专业发展。②

五、关于地方高校教师专业发展的研究

吴庆华（2013）研究了地方高校青年教师的专业发展问题，他指出，在地方高校层面，地方高校正处于从人事管理向人力资源开发转型的阶段，尽管提供了一系列制度支持，但是，在指导理念和管理上还缺乏有效的整合机制，没有从为青年教师发展服务和潜能开发的角度进行统筹考量。而且，地方高校在青年教师管理制度上存在着路径依赖，同时，学校正在推行的效率取向的管理制度与青年教师的内在发展需求之间存在着矛盾，这些成为地方高校在青年教师发展上的制约因素。为促进地方高校青年教师的专业发展，作者从地方高校教师管理制度的深层变革和地方高校青年教师发展的实施策略两个维度，提出了促进地方高校青年教师发展的对策。③

金利（2014）针对地方本科高校教师教学能力存在的问题，提出了构建适合地方本科高校的教师教学能力发展新模式——多维组合模式。这一模式具有“参与部门多维化，教学能力发展方式多维度，教学能力提升途径多角度，教学能力提升重点多应用元素，教学能力发展保障多途径”的特点。该模式顺利运行需要教师和学校的共同努力，首先，在教师个体层面，要充分调动教师个体提升教学

① 李俐．英国高校教师专业发展研究［D］．重庆：西南大学，2013.

② 李华．地方高校青年教师专业发展研究［M］．成都：西南交通大学出版社，2014：19~28.

③ 吴庆华．地方高校青年教师发展研究［D］．武汉：华中科技大学，2013.

能力的积极性，为教师群体搭建合作平台，为教师提供理论教学和实践教学的锻炼机会。其次，在学校方面，要从制度建设、文化氛围营造和切实有效的教学能力发展策略方面，为教师教学能力创设良好条件。①

六、关于体育教师（化）专业发展的研究

（一）体育教师的专业素养

王虎（2003）指出，体育教师的专业素质包括丰富的专业理论知识、良好的竞技能力、体育教学的创新能力和体育教学的科研能力。他认为："对我国高校体育教师专业素质"为特定研究对象的研究不多，缺少系统调查分析的研究，缺少从宏观的角度、对满足社会需求的我国高校体育教师专业素质的研究。②

刘志宏（2004）针对中学体育教师专业素质问题进行了研究，他认为中学师资队伍素质可持续发展，包括体育教师专业素质可持续发展，保证中学体育教师专业素质可持续发展，需要从多方面入手，首先要调整和树立现代教育观念，在现代理念指导下把握好教学能力、教育能力、运动能力、训练能力、组织能力、科研能力这六大专业能力的协调发展。③

王港、邹保禄（2005）从教育学的角度入手进行研究，总结出教师专业素质是由专业理论、专业技能和专业情意三部分组成。因此，对于高校体育教师专业素质研究，也要结合体育专业特征，分别从以上几方面进行研究，从而避免了部分研究中仅从体育教师工作特点进行研究的局限性和片面性。④

吕斌（2005）对教师素质的定义和组成要素进行了阐述，认为体育教师在开展体育教学实践中表现出来的综合能力，就是体育教师专业素质，教师专业素质直接影响学校教学质量，直接影响到学生的身心发展。他认为，体育教师专业素质应包含思想素质、知识素质、能力素质、身体素质和心理素质五方面要素。⑤

黄爱峰（2005）从知识的角度研究了体育教师的专业素养，他认为，体育教师应具有多层次的专业知识结构，体育教师专业知识结构的第一个层面是要有当代的科学和人文知识，第二个层面是要有专业性知识与技能，第三个层面是教育学科类知识。⑥

---

① 金利．地方本科高校教师教学能力发展研究［D］．重庆：西南大学，2014.

② 王虎．论体育院校教师的专业素质在教学改革中的重要作用［J］．哈尔滨体育学院学报，2003（4）：69~70.

③ 刘志宏．论中学体育教师专业素质的可持续发展［J］．当代教育论坛，2004（5）：82~83.

④ 王港，邹保禄．论我国高校体育教师的专业素质结构［J］．西安体育学院学报，2005（6）：111~113.

⑤ 吕斌．中学体育教师专业素质结构研究——兰州市中学体育教师专业素质现状调查与思考［D］．兰州：西北师范大学，2005.

⑥ 黄爱峰．体育教师教育专业化研究［D］．南京：南京师范大学，2005.

（二）体育教师专业发展的内涵

宋会君（2005）指出，体育教师专业化是指体育教师在整个体育教师职业生涯过程中，依托体育教师的专业组织（如职前的体育教师培养机构、体育教师发展学校、体育教师教育学院等），通过长期的、系统的、专门化的专业训练，习得体育教师的专业知识和技能，在从教过程中实施体育教师专业自主，表现体育教师的专业道德，并逐步提高自身的专业素质，成为一个良好的体育教育专业工作者的专业成长过程。也可以说是一个人从“普通人”变成“体育教育工作者”的专业发展过程。①

蒋晓丽（2006）提出，体育教师专业发展是体育教师按照工作岗位的需要，借助体育教师的专业组织，通过不断的学习与训练，获得系统的、专门化的专业知识，获得体育教师的专业技能，在从教过程中实施体育教师专业自主，表现体育教师的专业道德，并逐步提高自身的专业素质，成为一名较好的体育教师专业工作者的专业成长过程。②

郭敏（2012）指出，高校体育教师的专业发展，并不仅仅是体育教师在其职业生涯中的一个时间上自然延伸和人体生理机能上的变化，而更是高校体育教师在其职业生涯中的思想观念、知识与能力、情感与品质上的一个动态、不断向前迈进的过程，是高校体育教师在其职业生涯过程中，始终需要不断地努力提高自己在培养学生方面所需要的知识和教育教学水平与科研能力、树立职业理想和职业道德、虚心学习与刻苦钻研的过程。另外，他还指出，高校体育教师专业发展的关键在于高校体育教师个人专业的发展，因为他们在入职前所接受的教育，所具有的素质、能力以及拥有的学历和学位等，只表明高校体育教师具有从事这个职业的条件或基础和准入资格。③

（三）体育教师专业发展的途径

黄文仁、扬子良（2007）认为体育教师的反思活动有助于克服技术理性主义的教育观和教师观的弊端，而体育教师在体育教育实践中的主体性参与，是体育教师发展的根本性动力，体育教师在实践中对教育意义的主动探求、反思，会推动提升体育教师的教育责任感和理论思维能力，使教师对教育、学校乃至自身的存在与发展有更深入的理解。④

---

① 宋会君．体育教师专业化之研究［D］．北京：北京体育大学，2005.

② 蒋晓丽．体育教师专业化与体育教师专业教育专业化研究［J］．体育科技，2006（2）：9~12.

③ 郭敏．基于教师专业发展视域的高校体育教师职后教育研究［D］．武汉：华中师范大学，2012.

④ 黄文仁，扬子良．论批判性反思在体育教师专业化发展中的作用［J］．北京体育大学学报，2003（6）：795~797.

宋会君总结了两种体育教师专业化的发展模式，即“4+x 模式”和 PDS 模式。他认为“4+x”模式、PDS 模式再加上校本培训模式和教学反思模式贯穿于体育教师专业成长的全过程，在体育教师专业化的不同阶段起着不同的作用。①

潘凌云（2014）强调了“合作”在体育教师专业发展中的重要地位，指出要想推动体育教师的专业发展，第一，要强化体育教师合作的愿景和信念；走出个人藩篱，构建信任、互惠、合作的教师文化推力。第二，要培养专家型体育教师，推动群体内部社会互动学习。第三，构建合作、开放型的体育教研组织；第四，改进师徒教师教育模式。②

（四）体育教师专业（化）发展中存在的问题

黄爱峰（2005）指出，在教师专业化的大背景下，国内体育教师教育却长期被“练而优则教”的传统所束缚。他认为，体育教师应具备一定的运动技能水平原本并无不当，但传统的体育教师教育过多地将目光投射到了“运动技术”上，以至它受到了过多的关注，使得体育的技术性、生物性在很大程度上掩盖了体育课程应有的人文性，更糟糕的是使得部分体育教师往往惰怠于自身运动技术的简单示范与演练。对此，他认为应将体育教师专业化的着力点放置于“学会教学”。另外，还对体育教师的继续教育提出了一些意见：第一，是要在体育教师培训需求的基础上，搭建体育教师继续教育的合理框架；第二，是要深入关照教师的生活世界，由继续教育向继续学习转变；第三，是要通过“问题挖掘”设置最近发展区，以强化自我评价促进体育教师自我反思；第四，要加强任课教师队伍建设，并创设合作学习的氛围。③

林翠娟、杨海（2015），对高校青年体育教师专业发展中存在的问题进行了分析，他指出：在教学方面，首先，高校青年体育教师教学理念的融合上存在狭隘性，主要表现为“体质教育”教学观和“快乐体育”教学观的冲突。第二，高校青年体育教师教学能力的创新上缺乏突破性，体育教师在教学过程中基本都是依靠吃老本；在科研方面，高校青年体育教师科研能力提高慢，科研成果也时常是低水平的重复。对此，他们认为，促进高校青年体育教师专业发展，一则要激发青年体育教师的内在动机，加强他们的内驱力，再则高校应为青年体育教师提供良好的发展环境。④

朱慧芳（2008）采用文献资料法、访谈法等，对上海市普通高校中青年体育

① 宋会君．体育教师专业化之研究［D］．北京：北京体育大学，2005.

② 潘凌云．当代体育教师专业发展研究：基于教师主体性的视角［M］．北京：北京体育大学出版社，2014：169~175.

③ 黄爱峰．体育教师教育专业化研究［D］．南京：南京师范大学，2005.

④ 林翠娟，杨海．高校青年体育教师专业发展的困境与对策研究［J］．长春教育学院学报，2015（2）：62~63.

教师专业发展的状况进行了调查。调查发现，上海市普通高校中青年体育教师在专业发展中存在的主要问题在于缺乏反思意识、体育科研意识不强、运用现代信息技术的能力不强这三个方面，而要促进他们的专业发展，要以培养专业发展意识为关键、要以制定发展规划为起点、要以学会反思为基础、要以学会学习为途径、要以学会教学为专业发展的致力点。①

潘健（2009）通过对湖南省3所普通高校的在职体育教师进行问卷调查和开放式随机访谈，指出不同年龄阶段对专业发展的认识和需要、教师的个人事务量、生理条件的压力、学校的激励性措施，是影响教师专业发展的主要因素，"事务太多，没有时间进行专业发展""生理条件的压力""学校缺乏激励性机制""缺少社会支持""资源缺乏""科研活动缺乏"等，是阻碍教师专业发展的主要因素。对此，他进一步指出，要促进体育教师的专业发展，可以从以下几个方面着手：第一，体育教师应该提高学习自主性，注重自我成长，坚持终身学习理念；第二，学校应该改善体育教师专业发展的条件和环境；第三，要营造注重健康的社会氛围，提高体育教师的社会地位。②

刘传进（2010）以体育教师专业发展的特征与取向、体育教师专业化发展的教育基础为切入点，详尽地论述了目前我国体育教师教育课程改革的现实背景，并依据我国体育教师教育发展趋势，针对目前我国体育教师教育专业课程改革存在的理念和意识滞后、知识结构不合理、学术性的缺乏、教育类理论课程不足、教育实习重视不够等问题，提出了现阶段我国体育教师教育专业课程设置指导思想和原则，以及优化体育教师教育专业课等建议。③

七、对当前研究进展的总体评价

前人的相关研究为本书奠定了坚实的研究基础，并打开了广阔的研究视野。总体而言，教师专业发展不仅是国内外教育研究中的一个重点领域，而且是一个已经收获了较为丰硕研究成果的领域。当然，任何科学研究都需要一个不断完善、不断建构的过程，学者对教师专业发展的研究同样如此，在取得重大研究进展的同时，教师专业发展研究领域还有一些未触及和不完善的地方，现就该领域取得的成果和存在的不足，进行分类评价。

（一）取得的成果

到目前为止，国内外学者已经围绕教师专业发展这一主题进行了很多相关研

① 朱慧芳．上海市普通高校中青年体育教师专业发展的现状及其策略［J］．体育科研，2008（1）：91~93.

② 潘健．普通高校在职体育教师专业发展情况调查与分析［J］．体育学刊，2009（7）：72~74.

③ 刘传进．呼唤与回应：体育教师教育专业化课程改革［M］．西安：陕西人民出版社，2010：215~231.

究，并在教师专业发展和教师专业化的内涵、教师专业发展和教师专业化的相互关系、教师专业发展的阶段划分、教师专业发展的基本途径等领域，取得了数量较多的研究成果：

第一，就研究现状看，教师专业发展的基础性研究比较扎实且成果众多，已经形成了很多具有公信力观点。国内外学者已经就教师专业发展和教师专业化的概念有了比较清晰的认识，明确了教师专业发展和教师专业化间相辅相成的关系，基本确定了教师专业发展指向教师个人专业素养的不断发展和完善，而教师专业化则指向教师队伍的职业准入和专业地位的提高。此外，学者们还厘清了教师专业发展的维度、特点，以及教师专业发展对提高教师个人素养、改善学校教育质量、推动教师专业化的重要价值。上述成果为教师专业发展后续研究的开展，提供了坚实的理论基础。

第二，就研究现状看，学者们对教师专业发展阶段的划分比较细致，虽然还未形成共识，但国内外均已经形成了一些具有较大影响力的观点。例如，尽管对时间跨度和每一阶段教师能力特征的认识存在争议，但教师职业生涯会历经新手型教师、熟手型教师、专家型教师阶段的观点，已被广泛接受，现在对教师专业发展相关问题的讨论，大都是在这一理论框架进行的。

第三，就研究现状看，随着教育实践的发展以及研究的深入，学者们对教师专业发展的途径，有了越来越全面的认识。教师专业发展需要借助一定的方式或途径。最初学者们对教师专业发展途径的认识，主要集中在职前教育阶段，即通过职前教育的改革（尤其是职前教育课程的改革）来促进教师的专业发展，而现在学者们对教师专业发展途径的认识，已然不再局限于职前教育，在职培训、自我反思、集体备课等途径对教师专业发展的价值，也得到了学者们的重视。对教师专业发展途径的新认识，有助于从理论上对教师教育实践的发展予以引领。

第四，就研究现状看，学者们对教师专业发展的研究，出现了一些新的研究视角和研究方法。在理论方面，随着国内外学者交流的日渐频繁，有越来越多的外来理论，被我国学者应用到教师专业发展的研究中来，如近年来很多学者便将学科教学知识（PCK）这一源自于美国的理论和教师专业发展的研究结合了起来，用PCK理论描述教师在不同专业发展阶段的能力特征，以及剖析推动教师专业发展的策略。在方法方面，近些年越来越多的国内学者开始在教师专业发展的相关研究中，使用质化和量化相结合的方法，这对于传统的理论思辨型的研究方法是一种突破和创新。新理论的引入和研究方法的创新，为拓宽教师专业发展的研究思路、发现和解释其中存在的问题提供了有力的支持。

（二）存在的不足

第一，现有研究多是一般性地讨论教师专业发展，和具体学科的结合度还不够高，故应根据每一学科特点对教师的专业发展，进行更加深入的讨论。尽管国内已有不少学者开始尝试讨论具体学科教师专业发展的具体规律，但从总体上看，目前的这种“结合”很多时候只是将教师专业发展的一般性理论机械地迁移到学科教师专业发展的研究中来，它们往往不够深入，也没有充分体现出学科教学的具体规律和特点。因此，下一阶段学者对教师专业发展的研究应深化其“学科性”，要在充分考虑不同学科教师教学工作具体特点的基础上，探讨学科教师的专业发展，避免将教师专业发展的一般性理论，简单地移植到某一具体学科教师专业发展的研究中来，从而使教师专业发展的相关研究成果，具有更强的可应用性。

第二，对体育教师尤其是高校体育教师的讨论还很少涉及。体育教师是教师群体的重要组成部分，分析体育教师专业发展的特点和规律，对我们打造一支高质量的体育教师队伍，有着重要的作用和价值。然而，从研究现状看，和体育在教育中的弱势地位很相似，相对于语文、英语、数学等学科，体育教师专业发展依旧属于教师专业发展研究中一个比较薄弱的研究领域，针对体育教师专业发展的研究，无论在数量上还是质量上，都还有待提高，尤其是高校体育教师专业发展的相关研究，更是少之又少。体育教师质量的高低，事关青少年体质健康水平。而体育教师专业发展的实践，离不开理论研究的指导，在今后的研究中，需要加强对体育教师专业发展的研究。

第三，对地方高校教师专业发展的研究，有待进一步丰富和深入。在我国的高等教育体系中，由于办学资源、学校定位的差异，地方高校的发展往往处于特殊的环境和面临着特殊的矛盾，这对身处地方高校中的教师而言亦不例外。就研究现状看，除吴庆华《地方高校青年教师发展研究》、金利《地方本科高校教师教学能力发展研究》这两篇博士学位论文外，国内还少有学者基于地方高校的特殊性，对其教师的专业发展进行专门研究。因此，在今后的研究中，有必要从地方高校的实际情况出发，结合地方高校的人才培养目标、学校发展定位、办学资源、师资需求等方面，探讨地方高校教师专业发展的特点、规律和推动策略，从而为广大的地方高校教师的专业发展，提供一定的理论指导。

第四节　研究主题

本书将借助教师专业发展的一般性理论，以及通过对地方高校教师的实际调查分析三个关键性问题，即“何谓地方高校体育教师的专业发展”“地方高校体育教师专业发展的现状”“如何促进地方高校体育教师的专业发展”，以期进一步明晰地方高校体育教师专业发展的理论内涵，并为地方高校设计推动体育教师专业发展的策略提供依据。围绕拟解决的关键性问题，本书的研究主题主要包括以下三个方面。

一、地方高校体育教师专业发展的理论释义

在21世纪初叶，我国就已进入了高等教育的大众化阶段。在这一阶段，高等院校的重点将不再是偏重“外延式发展”的规模增长，而是强调“内涵式建设”的质量提高，而在这种新的发展形势下，地方高校体育教师的专业发展自然会有新的涵义。了解地方高校体育教师专业发展的基本内涵、主要特点、影响因素，形成地方高校体育教师专业发展的理论框架，才能更加准确地定位地方高校体育教师专业发展的目标，更加合理地设计推动地方高校体育教师专业发展的策略。因此，地方高校体育教师专业发展的理论释义，是本书研究最为基础的部分。在这一部分中，笔者将借助国内外已有的教师专业发展理论，分析体育教师专业发展的概念、维度和内容，并在此基础上，探究地方高校体育教师专业发展的特殊性及影响因素，从而为后续展开对地方高校体育教师专业发展现状的实证调查，以及分析地方高校体育教师专业发展的推进策略奠定基础。

二、地方高校体育教师专业发展的现状审视

地方高校体育教师专业发展的现状，是我们思考和提出地方高校体育教师专业发展促进策略的现实依据，是使本书研究更具针对性和指向性的关键所在。在这一部分中，笔者将通过问卷调查和非结构式访谈的方式，去调查地方高校体育教师专业发展的现实状况，并从中了解他们在自身专业发展中存在的问题、面临的困境，以及是何种原因导致了这些问题和困境的发生，从而确保提出的地方高校体育教师专业发展的推进策略更具针对性。

三、地方高校体育教师专业发展的推进策略

发现问题的目的在于解决问题。地方高校体育教师是高校教师中一个相对边缘的群体，其专业发展不仅少有来自教育管理部门和学校的有力支持，甚至有很多教师自己都缺少专业发展意愿。因此，地方高校教师的专业发展，确实处于一个“理论上很重要，做起来不重要”的尴尬处境。为了改变这一局面，本书将根据实证调查部分所了解到的地方高校体育教师在专业发展中遇到的问题与困境，以及近些年国内外体育教育发展的基本形势和主要趋向，从转变高校体育教师专业发展的价值取向和优化高校教师专业发展的内外在条件两个大的方面，探析推动地方高校体育教师专业发展的策略。

第五节 研究思路与方法

一、研究思路

地方高校体育教师的专业发展，既是一个理论认知问题，又是一个实践操作问题。说其是理论认知问题，是因为国内还少有针对地方高校体育教师专业发展的专门性研究，地方高校体育教师专业发展的一些理论，还不足够清晰和准确。说其是实践操作问题，是因为到目前为止，很多地方院校还没有对体育教师的专业发展予以足够的重视，也缺少推动体育教师专业发展的具体举措和方法。因此，对地方高校体育教师专业发展的研究，就要兼顾理论分析与实践调查。

本书将循着“理论分析”到“实证调查”再到“理论分析”的总体思路，综合采用文献研究法、问卷调查法、访谈法展开研究。首先，笔者将以已有的教师专业发展的相关理论为基础，考察体育教师专业发展概念、内容、维度等问题，并通过对地方高等院校的特点和发展需求的分析，探讨地方高校体育教师专业发展的特殊性和影响地方高校体育教师专业发展的因素。之后，将从地方高校发展的现实出发，从教师个人、课程与教学、地方高校办学特色这几个角度，分析地方高校体育教师专业发展的时代意义。在上述“理论分析”后，本书将转入“实证调查”的部分，即以 H 省五所高校为调查样本，对地方高校体育教师专业发展的现状、制约地方高校体育教师专业发展的原因进行分析。最后，本书将再次回归“理论分析”，结合“实证调查”的结果，对地方高校体育教师专业发展的推进策略进行分析。

二、研究方法

（一）文献研究法

文献研究法是贯穿本书的一种研究方法。为梳理体育教师专业发展的相关理论，笔者以“教师专业发展”“高校教师专业发展”“教师专业化”“体育教师专业发展”为关键词，通过中国知网、万维网、学校图书馆等途径，查阅与地方高校体育教师专业发展相关的文献资料和学术研究成果 300 多篇，查阅相关书籍 100 多本，通过对这些文献资料的分析整理，为本书研究提供理论支撑，奠定研究基础。

（二）问卷调查法

没有调查就没有发言权，如果没有对地方高校体育教师所处的职业现实情况有真实的认识，对体育教师专业发展的研究就会陷入空谈，研究的结果也不会有真正的价值。因此，立足实践，大量调查，是本研究采用的重要方法。这也将会使本研究具有较强的针对性和问题意识。本书研究将编制《地方高校体育教师专业发展调查问卷》，针对H省五所地方高校的体育教师发放，采取实地发放和电子邮件投送的方式，共计发放调查问卷383份，从而对地方高校体育教师发展的现状、存在的问题、导致问题的原因进行调查，以获得有关体育教师专业发展的真实信息，从数据中得出地方高校体育教师专业发展存在的共性问题及其原因。

（三）访谈法

为了更加全面和深入地了解地方高校体育教师专业发展的现实状况，并印证调查问卷获得的结果，本书将在采取问卷调查法的同时，编制《地方高校体育教师专业发展访谈提纲》作为访谈工具，并从H省五所地方高校中选取15位体育教师进行深度访谈，以更进一步了解他们个人专业发展的历程、面对的现实困境、困境出现的原因等。

第六节 创新与不足

一、创新之处

本书研究是一项以实证为主、辅以理论探讨的研究，重点在于了解地方高校体育教师专业发展中存在的现实问题，以及解决这些问题的有效策略。在总体上，笔者无意去开拓一个新的研究领域，也无意去构建一个“放之四海皆准”的地方高校体育教师专业发展的操作模式或体系，而仅仅是期望通过这一论题能够挖掘一些体育教师专业发展的相关问题，围绕这些问题阐述观点，进而能够在体育教师专业发展的个别问题上，有些许创新而已。本书的创新之处主要体现在以下三个方面：

首先，在研究视角方面，已有研究对体育教师专业发展的关注，主要集中在职前教育阶段，且多强调体育而非教育技能的培养，这就在一定程度上忽视了体育教师专业发展的职后阶段以及体育教师的教育素养。与之相对，本书则从地方高校的办学特点和发展需求出发，主要探讨地方高校体育教师在职后阶段专业素养（尤其是超出于体育技能的那些专业素养）的养成和发展，这对于前人的研究视角有些许创新。

第二，在研究的方法方面，本书吸纳了当前教育研究领域所提倡的研究方法应规范化、综合化的主张，以体育教师的专业发展为主线，以地方高校体育教师为研究对象，通过个案与整体、质性与量化、理论与实践相结合的技术路线，对地方高校体育教师专业发展的主题进行了论述，这对体育教师专业发展相关研究的研究方法，有了一定程度的创新。

第三，在研究的内容方面，本书没有局限于对教师专业发展一般理论的简单套用，而是从地方高校体育教师专业发展的实际出发，经过大量的调研和访谈、深入的理论分析，挖掘出了地方高校体育教师专业发展方面的一些独特内容与现实问题，如对体育教师与其他专业教师相比，在专业特性和专业发展方面的独特性的分析，再如对地方高校体育教师与其他类型高校体育教师在专业发展上特殊困境的讨论等，这对当前体育教师专业发展的内容会有所创新。

二、不足之处

第一，调查样本的有限性可能会在一定程度上削弱调查结果的有效性。受限于研究时间和研究成本，笔者在实证调查中仅选取了 H 省的几所学校作为调查样本，这其中可能存在着样本量不够大、不具有普遍代表性的问题，一些存在于地方高等院校体育教师专业发展中的问题，可能也没有被挖掘出来。笔者会在后续研究中，调查更多所地方高校的体育教师，从而提高调查结果的公信力。

第二，提出的对策需要更具可操作性。本书提出的推动地方院校体育教师专业发展的对策，主要是一些针对调查中发现的问题而提出的理论设想，由于笔者缺少更多的教育管理的实际经验，一些指向学校管理的对策，可能会存在操作性不强的问题，笔者会在后续研究中加强这方面的研究，去更多地倾听一些学校管理者的声音。

第一章
地方高校体育教师专业发展的理论阐释

教师的专业发展（Teacher's professional development），表现为教师个人在专业知识、专业技能、专业情感、专业行为等方面的一体化发展，是教师综合能力日渐提高的过程。教师的专业发展无论对教师个体还是整个教师队伍，都有非常重要的价值。对教师个人而言，专业发展是其提升个人专业素养的直接动力，教师所表现出的专业能力，总是与其所处的专业发展阶段相一致；对教师群体而言，教师专业水平的整体优化，是提高教师职业准入标准的前提，而职业准入标准的提高，恰恰是教师具有较高职业地位的重要保证。正是由于教师专业发展的重要性，国内外已有很多学者对此问题进行过研究，梳理教师专业发展的相关理论，并以此为依据，展开对地方高校体育教师专业发展的理论阐释，构成了本书的理论基础。

第一节　地方高校教师专业发展相关概念的界定

一、地方高等院校

从学校的隶属关系看，我国的高等教育系统主要由中央部属高校、地方所属高校、民办高校三大类构成。其中，地方所属高等学校（省属高校）是隶属于各省、直辖市、自治区的地区性高校，它们主要依靠地方政府拨款办学（部分地方院校是地方与中央共同投资），并服从于地方政府的管理。

相对于中央部属高校，地方高等院校的主要特点有：

第一，地方高等院校的管理权隶属于地方，并且其办学经费来源于地方财政拨款。在我国，地方高等院校隶属于省一级政府部门的管理，除个别学校外，其办学经费主要由地方政府承担。这样办学方式尽管会使地方院校更加贴近地方经济社会发展的现实，更能“因地制宜”地培养地方需要的人才。但与此同时，也存在着一些问题与隐患。首先，由于现阶段我国不同区域间的经济发展水平存在着比较大的差异，这就决定了不同地方政府的财政负担能力常常是不同的，而这种不同，又会导致不同省份或者是同一省份不同地区的地方高等院校能够得到的办学经费，会有比较大的差别：在一些经济发达省份的高校，有着充足办学经费的同时，一些经济欠发达省份的高校，却因办学经费不足而掣肘。其次，由于隶属于省一级政府部门的管理，再加之服务地方、服务区域的办学定位，地方高等院校可能没有像中央部属高校拥有那么多的资源和平台，在人才引进、招生、社会合作等方面处于相对劣势的地位。

第二，地方高等院校的主要任务是服务于地区经济社会的发展。在高等教育的整体布局中，地方高等院校的定位就是要在地方政府支持下，充分利用它和地方经济社会的紧密关系，为地方建设培养人才、献言献策。因此，“面向地方”“服务地方”是地方高等院校的突出特点和办学根本。当然，将地方高等院校定位为“地方”，绝不是要压缩或者牺牲地方高等院校的发展空间。我们知道，在高等教育的大众化阶段，一所学校是否具有自己的特色，对学校能否形成办学优势、能否实现可持续发展具有非常重要的作用，这同样适用于地方高等院校。地方高等院校的优势就在于它和地方经济社会发展的紧密联系，换言之，“扎根地方”“助力地方发展”就是地方高校最大的办学特色，如果能充分利用这种优势，不仅可以使学校获得地方政府更有力的支持，还可以使学校的人才培养和地方企事业单位需求（包括科学技术方面的需求和用人方面的需求），形成良好的联动机制，提高学校的社会影响力和社会声誉。所以，地方高校不仅不应忌惮“地方”，反而应充分围绕“地方”打造学校特色，在高等教育的整体布局中形成错位化的办学优势，“如果跟在研究性大学后面亦步亦趋、以自己的劣势去竞争，那可能永远是落伍者。”①

第三，地方高等院校主要培养的是应用型人才。教学与科研，历来是高等院校的两大核心任务，而如何平衡教学与科研的关系，从而在保证教学质量的同时提高自身的科研实力，也是高校办学过程中的一个重要议题。在现阶段，科研成果的数量和水平，已成为高校教学评估的重要指标，但科研工作的好坏，其实只是高校办学质量的一个方面，它并不能完全代表高校真实实力。实际上，一所学校的教学水平及建立在此基础上的人才培养质量，也是学校实力的重要体现。在我国的高等教育体系中，不同院校对自身的功能定位不同，对学生培养的要求以及对教学和科研关系的处理也不尽相同。一般来说，中央部属高校多将自己定位为综合型、研究型大学，它们会将科研放在相对突出的位置，注重理论教学、注重学术科研，强调培养学生的研究能力、学术思维和创新意识。所以，中央部属高校主要以培养学术型人才为己任。与之相对，除少数科研水平较高、师资力量雄厚的学校外，大多数地方高校都会以应用型大学为其发展定位，注重实习实训、注重产学结合，强调培养学生学以致用的实际操作能力。因此，地方高等院校主要以培养应用型人才为己任。

---

① 檀坤华. 科学定位 特色发展——我国地方高等院校的发展战略选择［J］. 国家行政学院学报，2008（4）：14.

二、教师专业发展

到目前为止，教师职业已发展为一个需要具备一定专业知识和专业技能方能从事的专门性职业。教师职业的专门性主要体现在“相辅相成”的两个方面：其一，从事教师职业，必须掌握大量所教学科的知识和技能，紧跟学科发展的前沿动态，成为某一学科领域的专家；其二，从事教师职业，必须熟悉教育教学的知识和技能，并能将其运用于日常工作之中，成为学校教育领域的专家。以上两点，是教师职业专业化的“支点”，也是教师专业发展的“重心”。当今社会，科学技术的突飞猛进不仅引起了知识更新速度和传播速度的加快，而且使教育的方式和方法发生了很大的改变。所以，教师要想更加胜任自己的职业，就必须及时了解和掌握新的学科知识讯息，并不断充实自己的教育的知识和技能。

（一）教师专业发展的概念

从理论研究层面看，1966 年，联合国教科文组织在《关于教员地位的建议》中提出“教师职业是一种专业”，此后，国内外学者以“教师专业化”“教师专业发展”“教师教育”为主题进行的研究日益增多，教师专业化、教师专业发展已成为教育研究的一个重要领域。从实践层面看，“教师是一种专业”现已成为被世界大多数国家普遍认可和接受的观念，教师资格认证制度在很多国家都已确立，而制度的完善又进一步强化了教师的专业地位。

尽管教师专业发展理论和实践日渐成熟，但不可否认的是，教师专业发展理论本身还有一些“似是而非”或“各说各话”的地方，其中一点，就是教师专业发展的内涵并不十分清晰，以至经常出现“同词不同义”的情况，给学术交流带来了一定的困难，恰如有学者指出的那样，“有些学者在借鉴国外资料时，缺少结合教育情境的具体化、总体化理解与转换，还有的学者只停留在凭直觉描述的经验状态，经常造成指称对象的差异。”① 那么，到底何谓教师专业发展呢？笔者这里尝试从“专业发展的主体”和“专业发展的方式”两个方面，来分析教师专业发展的概念。

其一，专业发展的“主体”方面。在已有文献中，对“教师专业发展”中“发展”的理解主要有两种倾向，分别是“教师个人的专业发展”（或称为“教师的专业发展”）和“教师群体的专业发展”（或称为“教师专业的发展”）。这两种倾向尽管都将教师视为一种专业，但不同的是，前者从个体的角度关注教师从新手逐渐成长为专家型教师的过程，如“教师专业发展是指教师个体的专业知识、专业技能、专业情意、专业自主、专业价值观、专业发展意识等方面由低

① 刘万海．教师专业发展：内涵、问题与趋向［J］．教育探索，2003（12）：103~104.

到高，逐渐符合教师专业人员标准的过程。”① 后者从群体的角度，关注教师这一职业逐渐由“非专业”“半专业”转变为“专业”的过程，如“从群体的角度看，教师专业发展是指教师这个职业群体符合专业标准的程度，即职业专业化过程。”②

从上述对两种的概念分析不难看出，“教师的专业发展”的主体在教师个人，其中强调的是教师作为一个专业人员，从青涩到成熟的成长过程，在此之中，教师的群体性力量只是促进教师自我成长的一个外在因素。与之相对，“教师专业的发展”和“教师专业化”实则是表征同一涵义的不同词汇，其主体在教师集体，其中强调的是教师作为一种社会职业，从没有太高的专业标准和专业地位，到有较高专业标准和专业地位不断提升的过程，在此之中，教师个体的成长是实现教师职业专业发展的前提基础。以教师个体或以教师群体认识教师专业发展都各有合理之处，但问题在于，既然目前已有“教师专业化”一词来表述“教师专业的发展”，那么，就没有必要让“教师专业发展”再继续承载“教师队伍专业化”的涵义。所以，将“教师专业发展”理解为“教师个体的专业发展”更符合教师专业发展相关理论的变化。

其二，专业发展的“方式”方面。国内外学者对教师专业发展的定义，有两种思路和视角：“一是侧重外在的、关涉制度和体系的、旨在推进教师成长与职业成熟的教育与培训的发展研究；二是侧重理论的，立足教师内在专业素质结构及职业专门化规范和意识的养成与完善的研究。”③ 换言之，教师的专业发展，可以在政策、培训、等外力驱动下完成，也可以在自我实现、自我发展等内在驱动下完成。两种发展方式教师专业发展都是必要的，但是，“内在驱动”下的专业发展是教师自发、自愿、自觉的，是教师建立在专业发展需求和专业自主意识之上的一种行为。教师提高自我专业素养的需求，可以为教师的专业发展提供持续动力，不会因政策、培训制度的改变而改变。与之相对，“外力驱动”的专业发展方式需要以相关制度和政策的建立为前提，它们具有一定程度的偶然性，至于教育管理部门会不会颁布促进教师专业发展的政策，会不会开展旨在提高专业素养的在职培训都是不可控的。

而且，如果将教师专业发展一味寄托于“外力”，很容易约束甚至削弱教师在专业发展中的自主性和积极性，使教师的专业发展变成“逼迫”而非“自愿”的事情。正如有学者指出的那样，“自上而下”的教师专业发展研究“多从促进学生发展和社会进步所需要的教师的角度出发，片面夸大了教师专业发展的工具

---

① 宋广文，魏淑华．论教师专业发展［J］．教育研究，2005（7）：71.

② 朱旭东，周钧．教师专业发展研究述评［J］．中国教育学刊，2007（1）：68.

③ 刘万海．教师专业发展：内涵、问题与趋向［J］．教育探索，2003（12）：103.

价值，忽视了教师专业发展满足教师自身需要的本体价值”。[①] 故而，在教师专业发展的两种方式中，“内在驱动”更为重要和关键，它充分体现了教师在个人专业发展中的主体地位和自主意愿。

综合上述两点对教师专业发展的分析可以得出，教师专业发展具有的突出特点是：第一，教师专业发展是教师个人的专业发展。教师专业发展的主体是单个教师，教师专业发展是对教师个人素养的一种完善和提高，通过专业发展，教师可以逐渐实现由行业新手向行业熟手甚至行业专家的转型。第二，教师专业发展是教师的自主发展。教师专业发展可以由政策、制度、培训等外在于教师个人的因素提供动力，也可以由教师的专业发展需要和专业自主意识等教师个人因素提供动力，但外因是条件，内因是根本，教师的专业发展需要和专业自主意识是教师专业发展更具决定性的因素，政策、制度、培训等外因必须在教师有一定专业发展意愿的条件下方能发挥其作用。第三，教师专业发展是教师的连续发展。教师专业发展不是一个最终的结果，而是一个持续不断的动态过程，教师的专业水平在整个过程中会不断地提高。

由此，本书将教师专业发展界定为：教师专业发展是教师个体在萌发专业发展需要和专业自主意识的基础上，以教师教育和自我反思为主要途径，以相关政策、制度、专业组织为保障，个人专业知识、专业能力、专业观念不断充实和完善的动态过程。

（二）教师专业发展的维度和内容

教师专业发展是一个系统工程，它不只是教师专业知识的丰富，也不只是教师教学技能的提升，而是包括教育观念、专业知识、教学技能等方面在内的教师综合素质的完善和优化。具体而言，教师专业发展主要包括以下维度和内容：

第一，教师专业发展要更新教师的教育观念。专业观念是教师专业发展的灵魂，教师的教育观念尽管属于意识层面，但它却在很大程度上决定着教师开展教育活动以及对待学生的方式方法，“是支撑教师专业发展的基石和可持续发展的动力”。[②] 对教师的专业发展而言，发展教师的教育观念，就是使教师的教育观念能够紧跟教育的新变化和新特点，能够转变那些有碍于教育改革和有碍于学生发展的旧观点和旧思想，从而以意识之新引领行为之新，带动教师教育实践的创新。

第二，教师专业发展要充实教师的专业知识。传递文化知识、更新文化知识是教师非常重要的一项本职工作，而教师想要完成好这项工作，就需要不断丰富

---

① 宋广文，魏淑华．论教师专业发展［J］．教育研究，2005（7）：72.

② 余文森，等．教师专业发展［M］．福州：福建教育出版社，2007：183.

自己的专业知识，完善自己的知识结构。教师的专业知识主要涉及通识性知识、学科专业知识、教育类知识三大类，这三类知识对教师高质量地完成教学任务都是不可或缺的。在教师专业发展过程中，三类知识发展的重点有所不同：对通识类知识而言，由于它是教育教学的辅助性知识，所以，其重点在于拓展广度，即让教师了解更多的社会人文和自然科学类知识，以进一步提高其人文素养与科学素养；对学科专业知识而言，由于它是教师从事教学工作的必备知识，所以其重点在于增进深度、更新内容，即让教师更加精通他所教授科目的知识，并能紧跟学科发展的动态，了解一些前沿问题和前沿理论，以使其所教授的学科知识更加准确、更具前沿性；对教育类知识而言，由于它是教育教学的条件性知识，所以其重点在于丰富和整合，即让教师了解最新的教育教学理念、方法和手段，并能将这些内容和学科专业知识整合起来，从而能够以更加合理的方式从事学生教育及学科教学工作。

第三，教师专业发展要提高教师的专业技能。教师的专业发展，还需要提高他们与教育教学相关的技能。教师的专业技能主要涉及教育教学的技能和学科专项技能，前者主要是那些教师从事学生教育和课堂教学的一般性的技巧和方法，如如何备课、如何上课、如何进行组织班会活动等，它们是教师顺利开展教育教学活动的基本要素，后者主要是那些教师服务学科教学的专门技能，如进行化学实验、动作示范、吹罚比赛等，它们是教师保证学科教学质量的必要条件。教师专业技能的提高，既需要来自于理论学习，也需要实践锻炼，故而，要提高自身的专业素养，教师就一方面要加强对专业技能的理论学习，了解一些教育教学的新技能、新方法，另一方面，要加强对理论知识的运用，将所学到的新技能和新方法真正转变为自己的实际能力。

第四，教师专业发展要强化教师的实践能力。实践能力是教师将自身的教育观念以及所掌握的专业知识和专业技能应用于教育教学实践的能力。教师的观念、知识、技能只有在实践中方能验证其效果，也只有在实践中方能得到锻炼和提高。教师实践能力的强化，主要通过日常教育教学实践和教师培训来实现。在日常教育教学中，教师可以将自己的教育观念、知识、技能等付诸实践，并在运用中检验其效果，反思其改进方向，进而对其实践能力做以优化。在教师培训中，可以借助公开课、微课等形式，展示教师的实践能力，专家则根据教师的实际表现，提出改进建议，有针对性地提高教师的实践能力。

（三）教师专业发展与教师专业化

教师专业化是一个经常与教师专业发展“相伴相随”的词汇，那么，二者有何异同呢？关于这个问题，学界主要有三种不同的观点和看法：第一种观点认为“教师专业化”与“教师专业发展”的概念是相通的，“教师专业发展就是教师专业化的过程”，第二种观点认为，“教师专业化”和“教师专业发展”意义存在很大程度上的不同，“教师专业化”是从社会学角度考虑的，强调专业性提升，而“教师专业发展”是从教育学维度考虑的，主要是教师个体专业水平的提升；第三种观点认为两者是整体与个别的关系，“教师专业化”包含着“教师专业发展”。①②

笔者认为，要明确二者间的关系，就要明确教师专业化的基本内涵。首先，在概念方面，教师专业化意指，“从动态的角度来说，教师专业化主要是指教师在严格的专业训练和自身不断主动学习的基础上，逐渐成长为一名专业人员的发展过程；从静态的角度来讲，教师专业化是指教师职业真正成为一种专业，教师成为专业人员得到社会承认这一发展结果。”③ 所以，教师专业化既是一个过程又是一个目标，它的实现需要通过教师个体的不断努力从而确保教师较高的社会地位，同时，也需要通过国家、社会、学校等多方面的合力，创造有利于教师专业化发展的条件，使教师职业真正发展成为一门专业。另外，在内容方面，教师专业化主要包括“要使教师掌握较高的专门（所教学科）的知识和技能体系”“经过较长时期的专门职业训练”“要有较高的职业道德”“进修的意识和不断学习的能力”“教师有权根据教育方针和课程标准自主地处理教育教学工作”“要有职业的专门组织”。④ 换言之，教师专业化追求的是教师职业要有专门的知识和技能、形成专门的培养方式、划定较高的职业道德标准、具有专业发展的意识、掌握一定的专业自主权以及形成专业组织。

从教师专业化的内涵可以看出，教师专业化强调的是从多个方面增强教师的“专业性”，借此将教师（可以是单个教师也可以是整个教师职业）由“非专业的人员”或“半专业的职业”转变为“专业人员”或“专门职业”。相比较而言，教师专业发展则是在肯定教师作为一个专门职业的前提下，强调教师个人素养的完善和提高，其目的在于使每一名教师具有更高水平的业务能力，能够更好地胜任教育教学工作。因此，教师专业化和教师专业发展，要解决的问题和关注的重点，有着比较明显的差别。

当然，我们并不能因为这些差别的存在，就去否定教师专业化和教师专业发展间的紧密关联。实际上，教师队伍是由单个教师组成的，单个教师的专业发

---

① 持这种观点的人一般将专业化划为两个维度：地位的改善与实践的改进。前者作为满足一个专业性职业的制度，进而从地位方面要求的过程，将教师职业作为一个职业，在多大程度上获得了作为专业性职业的地位问题；后者作为通过改善实践者的知识和能力来改进所提供服务的质量的过程，关注的是教师在展开教育行为时使用了多少专业知识技术问题。前者尽管因社会而有所不同，但一般包括强化分界、提高学历要求、建立自我管理团体等一些要素；后者的专业化实际上等于专业发展。

② 蒋竞莹．教师专业化及教师专业发展综述 [J]．教育探索，2004（4）．

③ 蒋竞莹．教师专业化及教师专业发展综述 [J]．教育探索，2004（4）：104.

④ 顾明远．教师的职业特点与教师专业化 [J]．教师教育研究，2004（6）：5~6.

展，不仅可以改善现阶段教师队伍的整体质量，而且还可以以此推动教师从业标准和专业地位的提高。所以，教师专业发展，是实现教师专业化的关键点，而这一“点”的改变，对教师专业化而言会起到“以点带面”的促进作用。与之相对，教师专业化尽管是从整体上讨论教师职业的发展方向，一方面，从宏观上看，教师专业化中所强调的“教师是一个专门性的职业”，是教师专业发展的先决条件，只有将教师视作专业人员，才能谈及教师专业素养的发展。另一方面，从微观上看，教师专业化其中涉及的专门化知识、职业道德标准、专业自主意识、专业组织等或者是教师专业发展的内容，或者是教师专业发展的促进条件，这些内容和条件的改善，有助于教师的专业发展。

三、地方高校体育教师

地方高校体育教师，简言之，是“担负地方高校体育教育教学任务的教师”或“地方高校体育学科的科任教师”，属于地方高校中专门从事体育教学活动的一类专业人员。相对中小学体育教师，地方高校体育教师的组成成分较为复杂，但总体上可归为两类。

第一类是地方普通院校中的专职体育教师，这些体育教师可能挂靠在学校的公体教研室，也可能挂靠在体育学部或体育学院，它们或者面向非体育专业的学生，主要承担公共体育课的教学任务，或者面向体育专业（体育教育专业/社会体育专业/体育训练专业）的学生，主要承担体育专业学生的专业课教学以及学校运动队的训练工作。出于这样的工作性质，普通高校中的专职体育教师往往需要具备较强的教育教学能力。①

第二类是地方体育院校中的体育教师，这些教师尽管也会担负一些非体育专业的公共体育课教学任务，但总体来看，他们工作的主要内容仍聚焦在体育专业学生（包括很多专业运动员）的训练和比赛上，这就使他们的工作职责重训练而轻教学，对运动技能要求高而对教育教学技能要求低，实则是以“教师”之名担负“教练员”之实。

上述两种类型院校体育教师工作职责侧重点的不同，决定了他们专业发展的类型和需求不同，概言之，普通地方院校体育教师的专业发展，是服务于教育实践的教师专业发展，而地方体育院校体育教师的专业发展，则是服务于专业体育特别是竞技体育实践的教练员专业发展。所以，在本书中所说的“地方高校体育教师”，主要指向地方普通院校体育教师这一群体。

地方高校体育教师对学生身心的健康成长，有着十分重要的作用，他们不仅和学校中的其他教师一同担负着学生的日常教育、管理工作，而且还以体育专业

---

① 特别强调指出，笔者尽管将普通地方高校中的专职体育教师作了公体课和体育专业课的细化，但在实际中，有很多学校公体课的教学任务是由体育学部或体育学院的体育专业课教师承担的。

者的身份进行着“传道、授业、解惑”的任务，体现着体育教师的工作的特殊性：

其一，从“授业”“解惑”的角度讲，地方高校体育教师需要向学生传授一定的体育卫生保健知识、体育运动技能，从而使学生学会运动、科学运动、终身运动。根据《义务教育体育与健康课程标准》，体育教学的主要目标包括“掌握体育与健康的基础知识、基本技能与方法，增强体能”“学会学习和锻炼，发展体育与健康实践和创新能力”“体验运动的乐趣和成功，养成体育锻炼的习惯”“发展良好的心理品质、合作与交往能力”“提高自觉维护健康的意识，基本形成健康的生活方式和积极进取、乐观开朗的人生态度”①，尽管地方高校教师从事的是高等教育工作，和中小学教师的日常工作略有不同，但他们“授业”“解惑”的主要任务实则也集中在这五个方面。

在五大目标中，知识和技能目标是最容易实现的，也是最基础的。地方高校体育教师首先需要完成的，是向学生传授一些体育卫生保健知识和体育运动技能，这是体育教学最基本的任务，也是实现其他目标的前提。通过对这些知识和技能的学习，学生会掌握一些正确开展体育锻炼的方式方法及技能技巧，进而知道如何参加体育运动，如何达到科学健身。当然，体育教学本身不是一个单纯的知识、技能的传授过程，尤其在终身学习和终身体育的理念观照下的体育教学，其功效更是应超越体育知识和技能本身，它更多关注的是学生和体育间的长远关联，即如何通过“今日之教学”为“终身之健康”做好铺垫和准备。所以，地方高校体育教师还需要担负起培养学生体育意识和体育习惯的重任，向学生“传授终身体育之道”。

其二，从“传道”的角度讲，地方高校体育教师需要在知识技能“教学”的同时进行思想的“教育”，从而使学生在体育中得到道德观念的塑造、健康意识的熏陶、生活态度的改变。地方高校体育教师和其他教师一样，既是传授体育知识和体育技能的“经师”，更是影响其思想、道德和意识的“人师”，换言之，地方高校体育教师的职责始于体育，但却落脚于教育。

首先，地方高校体育教师不应有“体育教师只是体育课的教师”的错误观念，而要以“教育者”的思维来看待自己的工作，认识到体育教学本身蕴含着深刻的教育功能，体育教师在教授体育知识和体育技能的同时，其实也在影响着学生的思想道德观念，对学生的意志品质、团队精神、集体意识都会产生积极影响。如体育教师组织学生进行篮球比赛，从表面上看，这仅仅是对篮球知识和技能的应用，但实际上，通过篮球比赛，学生收获的不只是知识性、技能性的内容，还会培养起他们的集体荣誉感、团队协作能力以及遵守规范的良好品质。

① 义务教育体育与健康课程标准（2011 年版）［M］. 北京：北京师范大学出版社，2011：6.

其次，地方高校体育教师还在塑造学生的健康意识和健康习惯。前文已述，在终身教育和终身体育思潮的影响下，体育的价值已经不只体现在今时今日，它应是一种着眼于学习者终身健康的教育。由此，地方高校体育教师就需要帮助学生养成一种体育的意识和习惯，将较为被动的“要我参加锻炼”“要我健康”的心态转化为积极主动的“我要参加锻炼”“我要健康”的心态，从而为学生一生的健康做好铺垫。

综上所述，地方高校体育教师是一类在地方高校中从事体育教育教学活动的专业人员，而体育教育教学活动对他们职责的要求是综合化的，主要包括对体育卫生保健知识和体育运动技能的传授，对学习者体育运动意识、体育运动兴趣、体育运动习惯的培养，对学习者良好道德品质和积极人生态度的陶冶等。

需要指出的是，受“重文轻武”历史文化传统以及“重智轻体”人才评价方式的影响，长期以来，体育和体育教师一直在地方高等院校学校甚至整个教育系统中都处于较边缘的位置，很多人对体育教师职责的认识过于简单，不仅没有看到体育教师职责的综合性，甚至还会误以为体育教师的日常工作，无非就是带着学生做做游戏、打打比赛，都是一些“对学习来说无关紧要的小事”，不会对学生的学业、就业造成实质性影响。但实际上，体育非“小事”，它对人的全面发展具有重要的作用和价值，是学校教育的重要内容，恰如毛泽东在 1917 年的《体育之研究》中谈到的那样，“体育一道，配德育与智育，而德智皆寄于体，无体是无德智也。”“体强壮而后学问道德之进修勇而收效远。”“体者，载知识之车而寓道德之舍也。”[①] 因此，体育实则应是地方高校的核心科目，而地方高校体育教师和其他专业课的教师一样，都是实现一所学校、一个专业培养目标不可或缺的力量，他们承担的“育人”任务，和专业课教师的“分量”是相同的，并不存在轻重主次之分。

第二节　地方高校体育教师的专业发展

地方高校体育教师是体育教师队伍的重要组成部分。我国学校体育工作的法律性文件——《学校体育工作条例》第 17 条，对体育教师的专业素养作了明确规定，要求“体育教师应当热爱学校体育工作，具有良好的思想品德、文化素养，掌握体育教育的理论和教学方法”。[②] 和社会对教师职业的整体定位相一致，地方高校体育教师作为一类从事体育教育活动的“专业人员”，需要具备较高的专业素养，需要进行持续不断的专业发展。

---

① 中共中央文献研究室，中共湖南省委《毛泽东早期文稿》编辑组．毛泽东早期文稿［M］．长沙：湖南人民出版社，1990：66~67.

② 学校体育工作条例［EB \ OL］．http：//www. gov. cn/fwxx/content_ 2267007. htm. 2016-02-15.

地方高校体育教师的专业发展，既遵循着教师职业的共同要求，即其专业发展主要是围绕专业观念、专业知识、专业技能、实践能力等方面展开，是一个以自我发展为主的长期过程，也有鲜明的“个性”特征。这种“个性”一方面表现为地方高校体育教师的专业发展，具有指向体育教育的特点，他们需要在掌握一般性的教育教学理论和技能外，不断丰富体育理论和提高体育技能，并将这些运动性、竞技性的理论和方法与体育教育结合起来，使其为地方高校的体育教育工作服务。这种“个性”还表现为地方高校体育教师的专业发展，具有植根地方高校的特点，由于身处地方高校这一特殊场域，他们的专业发展，不仅会体现出不同于中小学及部属高校体育教师的特点和规律，而且也面临着源自地方高校发展困境的矛盾和冲突。

一、地方高校体育教师的职责与角色

（一）学校体育的研究者

体育教师进入教学岗位之后，大量的教学和训练工作使他们忽略了理论知识的继续补充，特别是地方高校体育教师科研环境和科研意识不足，在长期的固定模式的教学过程中，形成了僵化和服从的陈旧思想，在新的学校体育改革背景下，体育教师需要努力提高自身科研能力。

一方面，体育教育研究是当前教育改革的重要依据和助推剂，是体育教师理解和参与教学改革的重要方式。体育教师工作在体育教育的最前沿，具有丰富的教学经验，对传统教学中存在的问题有最直观的认识，是教学理论研究和课程实践的连接者，因此体育教师不仅要能够理解新的政策，更要参与到教学改革的研究之中，既不是经验之谈，也不是纸上谈兵。新体育课程以目标统领内容，无具体教学内容的规定，这预示着体育教师不能照抄教学大纲规定的教学内容进行体育知识、技能进行传授，需要自行开发、选择体育教学内容，体育教学将没有固定的模式可以仿造，体育教学环境将更加千变万化，体育课堂将百花齐放，体育教师仅是经验和技术型的专家，将难以适应新体育课程改革的需要。这就要求体育教师是体育教育的研究者，研究如何才能使学生主动建构体育与健康知识、技能，获得终身体育锻炼的意识，使体育课程为更好地促进学生的整体健康服务。①

另一方面，体育教师通过直接参与教育研究能够有效提高自身综合素质，提高对新课程标准的适应能力，也是体育教师职业发展的必然要求。体育教师作为体育教育的研究者，其研究方向更多的是建立在自身的教学实践之上，以自己的教学经历为研究对象，对自己的教学过程进行反思，找到更加合理的教学手段，以更有效的方式开展工作。随着社会的发展，各时期的社会环境和体育教学目标

---

① 陈作松，季浏．新体育课程的实施对体育教师提出的新要求［J］．北京体育大学学报，2004（3）．

都会发生相应的改变和调整，而旧的教学方式必然产生不适应，这种不适应会给体育教师日常教学带来不适。面对的这样的问题，需要通过教育科研对各教学环节进行反思，包括对自己的教学方法、教学内容、教学目标以及对学生的反应、学习状况等进行反思，培养自己对于各种问题的敏感度和思考能力，不断探索新的教学领域，不断进行理念调整，体育教师直接参与到教育科研中是解决体育教学问题的最直接手段。作为体育教育的研究者，使教师工作更加具有自主性和创造性，这种角色的定位将体育教学从工作的层面上升为一种教学艺术，将教育智慧融入教学，形成独具特色的教学风格。

（二）体育课程的全程参与者

长时间以来，我国一直实行“政府定课程，学校管教学，教师用教材”的纵向课程管理和实施模式，学校和体育教师将这种模式默认为标准模式，除此之外将被认为是违反常态的、错误的。在这种固定思维的局限下，国家教育部门颁布的体育教学大纲，成为体育教师开展教学工作的唯一标准。在传统教学大纲中，对于教学内容，教学方法、教材等一系列内容进行了具体规定，体育教师只要拿来照搬就能够完成教学工作，至于教学内容的选择原因、教学效果的评价方式等方面与教学工作完全分离，需要体育教师去做的，仅仅只是按照教学大纲的标准去执行，执行的好坏与教学水平的高低直接挂钩。这种模式致使体育教师不容易产生工作的主动性，将工作方式和工作内容局限在一个非常基础的层面，体育教师成为了教学、测量和评价的机械工具，教师的主动性和决策能力退化甚至消失，体育教师成为了标准化的工业产品，专业性和创造性失去了价值和生存空间。

2000年以后，国家教育部门新制定的体育（与健康）课程标准中并未沿用之前的教学大纲模式，标准中只是提出了理念性的指导，并建立了完整的目标体系，对总体课程目标、各学习领域目标、不同水平的具体目标进行了分层次设定，但它只是从宏观上规范了全国各地、各校的体育教学，对具体教学内容、时数比例、具体的评价内容和方法不作限制，并没有就课程内容和评价方式做具体要求，这就给了体育教师更多的自由和发挥空间，同时也对体育教师提出了更多的要求。体育教师对于课程的整体设置有了更多的自主权，体育教师可以以自身条件为基础，根据学生的年龄、性别、学习基础等整体特点，根据本校地域、场地等实际情况，按照新体育课程标准的理念和框架，重新设置具有针对性的体育课程内容，采用合理的教学方法，运用灵活的评价方式达成提高身体健康水平，完善综合素质的新目标。

新体育课程的开发，不是简简单单地选择一项运动项目或者一本体育教材，而是一个系统的过程，它包括具体教学目标的设定、对教材的整理、对运动项目的创新等。它不像传统体育课程那样是体育课程内容的主要或唯一课程内容资源，新体育课程内容资源更多地需要学校和体育教师进行开发。体育教师将改造传统运动项目、挖掘民族民间传统体育、引入新兴运动项目、充分利用自然资源来开发、扩充体育课程内容资源，使体育课程内容从竞技运动课程内容体系走向有利于学生身心健康的身体活动内容体系，从课内、校内走向社会、自然，从而弥补体育教学条件之不足，吸引学生积极参与体育活动，促进学生获得更多的体育与健康知识。

（三）体育教学的设计者和组织者

建国初期，我国各行各业包括教育都处在重新起步的阶段，学校和老师对于体育教学的目标、内容、方法都很懵懂，需要国家教育部门制定具体的教学大纲，这种稳定性和单一性的教学大纲，将起步中的中国体育教育迅速规范化和标准化。随着时代的发展和社会的进步，传统的教学大纲便产生了不适应，其单一性和局限性限制了教师对课程的灵活掌握，更限制了学生的全面发展，学生在既定的教学内容和目标限制下，形成了单一的模仿练习的学习方式，对于体育课程很难产生共鸣，学生学习技能的深入性、自学能力、创新意识很难得到有效的提高。

体育教育发展到今天，人们的教学观念已经发生了很大的变化。今天，知识不再被看做对现实世界的绝对正确的表征，不是放之各种情境皆准的教条，它们处在不断的发展之中，而且在不同情境中，它们需要被重新建构。学生也不是可随意涂抹的“白板”，每个学生都是一个有思想的个体，他们的生活经历、学习能力、知识储备使他们对于学习内容都有自己的理解。学生并不是电脑，通过“复制”“粘贴”形成机械化的程序，而是在每个人的意识中经过接受—反思的过程形成新的认知和观点。

在新的体育教学过程中，体育教师应该从具体的教学内容中脱离出来，紧紧围绕新体育课程标准中关于健康和终身体育的观念，树立“学习经验”的指导理念，从技能的传授者向学习方法的传授者和体育活动的组织者过渡。体育教师的教学手段将自主化和丰富化，根据学生的特点运用相应的教学方法，因材施教，使学生素质得到普遍的提高。传授运动技能将成为教学中的一个环节，教师更多地要通过整合各种教学资料，打造适宜的教学环境，设计系统的教学活动，组织和引导学生参与教学活动，将学生被动的接受变为主动的参与，将知识灌输变成理念和方法的引导，有效提高学生自主锻炼能力，帮助学生选择合适的体育锻炼项目和方法，让他们理解那些有利于健康的科学锻炼的方法，从而使他们走向社会后能自主地进行科学的锻炼。

(四) 体育技能的传授者

随着教育的发展，教育主管部门和体育教育工作者开始对体育课程和体育教学工作进行反思，在这个过程中不少问题被提出并解决，也有不少观点有待商榷。在这些观点中有的对体育教学中的“技能优先”模式提出了质疑，他们认为这一传统模式是体育教学问题的根源所在，因此要淡化并改变体育教师对运动技能的传授。对于这一观点，笔者认为这是违背体育教学规律的错误观点。体育课是以体育项目为主要传授内容，以身体动作练习为主要手段，以提高学生健康和终身体育为主要目的的必修课。

从定义上看，体育教学与其他教学存在明显的差异，这些差异体现在多个方面。首先，体育教学具有明显教学内容和形式的技艺性、教学环境的开放性、教学途径的直观性、教学负荷的自然性。而这些特性都围绕着教学内容而展开，因此教学内容的技艺性是体育教学的核心。体育教学具有很强的实践性和操作性，在教学工作中要求教师通过动作技术示范，运用简练规范的语言引导，以直观的方式让学生对技术动作在脑中形成影像，之后学生必须进行反复的身体练习，而不能仅仅通过记忆来完成动作学习。运动技能传授者是体育教师在体育教学中担当的基本角色，但传授体育技能绝不仅仅是体育教学的唯一内容，体育教师还要努力担负起体育文化的传授这一责任。体育不仅仅是一项运动，同时也是一种文化，体育教师在传授运动技能的同时还要作为一名体育文化的传承者，只有这样，体育教师的工作才能更有内涵，更加不可替代。

其次，体育教师不是专业体育教练员，更要区别于拥有体育特长的普通人。学校体育的目的并不是培养优秀运动员，当前学校体育教育的目标，是通过体育教学提高学生综合素质。一名合格的体育教师，一方面要拥有教练员和体育特长者所具备的技能传授特性，同时还要具备良好的文化内涵，如果体育教师将教学中承担的角色局限在技能的传授者上，将与当前体育课培养全面综合素质人才的培养目标渐行渐远。

(五) 体育专业的学习者

当前社会是信息全球化的社会，是科技和理念不断前进和发展的社会，是需要不断学习的社会。新的知识通过各种途径进入人们的视野，单纯地通过学校学习获得知识的时代已经渐渐远去，教师不再是知识的百科全书。教师原有的知识储备和经验已远远不能满足当前学校教育的需求，不断获取补充新的知识成为教师发展的必由之路。“学会学习”是新的课程标准树立的全新体育教学理念，更是体育教师自身发展和适应社会的现实要求。原有的知识和技能只能代表过去，教师的自我学习意识和能力，将决定未来的发展和综合能力的不断提高。

在新的体育课程标准指导下，体育课程变得更加多样化，体育教师有了更多的自主权，同时在大众健身潮流引导下，各种新老体育项目不断出现在人们的生活之中，为体育课程带来了更多的选择内容。面对各种新的体育项目，一方面体育教师通过有限的职后教育进行学习，但更多的有赖于体育教师根据教学需求进行自我补充。在信息传播途径广泛的今天，学生可以通过多种渠道了解各种体育项目，不同人对不同项目产生兴趣也不一样，然而体育教师仍然采用传统项目进行教学，难免影响学生的学习兴趣。因此，体育教师从体育技能的传授者向体育专业的学习者这一角色过渡，将成为当下的潮流，学会学习并继续学习是社会对于新时代体育教师的基本要求。

二、地方高校体育教师专业发展的特殊性

地方高校体育教师的专业发展，是地方高校体育教师个人的专业发展，它是教师专业发展的下位概念。所以，我们可以将地方高校体育教师专业发展的概念，置于教师专业发展的概念框架内予以理解，即地方高校体育教师的专业发展，是地方高校体育教师在地方普通院校这一环境中，为提高个人专业素养，依托一定的专业组织或培养机构，通过教学反思、专业合作、在职培训等途径，不断完善与提高自身职业道德、教育观念、体育知识和技能、教育能力等专业素养的动态过程。

地方高校体育教师的专业发展，首先是一种专业行为。应当承认，现阶段大多数地方高校还没有针对体育教师制定严格的职业准入标准，其中有很大一部分人多是从运动员直接转入，他们虽然运动技能娴熟，了解很多体育运动的专业知识，但却并没有接受过规范的教师教育，这就造成了地方高校体育教师队伍整体的专业化水平还是偏低，体育教师的运动技能强而教学技能弱。

然而，从教师职业发展的总体趋势看，地方高校体育教师终究会成为一个有着较高准入标准和严格工作要求的专门职业。所以，我们依然有必要将地方高校体育教师的专业发展定位为一种专业行为，这种行为的发生，既有益于地方高校体育教师个人专业素养的提升，使他成为更加专业和更高水平的教育人员，也有益于地方高校体育教师队伍专业性的增强，使体育教师的专业准入更为严格。

地方高校体育教师的专业发展，是自觉、自愿、自主的专业行为。地方高校体育教师的专业发展，不是一种外在受迫的行为，它是教师根据自己的专业成长需求自主发出的，他们“绝非是体育知识和技能授受的载体和工具，而是有着自己的态度、情意和生活追求。教师有着支配和调控自己教育思想和教育行为的意识和能力，表现为对自我专业发展现状的客观、全面的认识以及在此基础上的对

自我专业发展的不断完善。"① 不可否认，在日常工作生活中，确实有很多政策、管理制度在督促教师进行专业发展，但是，专业发展的主体毕竟是教师，教师专业发展的最终效果，和教师的个人的意愿、投入程度、学习能力、领悟能力等有着更为直接的关系。如果教师自身缺少专业发展的意愿和主动性，不能把专业发展作为个人的内在需要，那么，即便有良好的政策和完善的培训制度，地方高校体育教师的专业发展，也难表现出持续性和稳定性，其专业水平可能长时间得不到提高。

地方高校体育教师的专业发展，是扎根学校体育实践、服务学校体育实践、通过学校体育实践的专业行为。地方高校体育教师的专业发展，是教师提高自身专业素养的一种自主行为，但这种"自主"是有条件的"自主"，它不意味着教师可以完全根据喜好和兴趣决定的自己的专业发展。这是由于体育教师在学校中往往承担着多重角色和身份，"在体育课程的实施中，体育教师可谓身负重任，是体育课程计划最直接的、最终的执行者、实施者；在体育课程实施多元主体的融合中，体育教师可谓是体育课程实施多元主体融合的中介和桥梁。"② 但无论这些角色和身份如何复杂，我们其实可以发现，地方高校体育教师的专业发展，终究是服务于学校体育教育活动的，它的最终的落脚点，还在于改善体育教育教学的质量，从而更好地服务于学生对体育知识和体育技能的掌握，更好地服务于学生的身体健康。换言之，地方高校体育教师的专业发展，必须以体育教育教学的实际需要为导向，也必须在体育教育教学的过程中得到检验和进一步的完善。

此外，地方高校体育教师的专业发展还是一种综合发展。由于培训或反思往往针对的是教师专业素养中的个别缺失。所以，在短期内，地方高校体育教师的专业发展，可能表现为"重点提升"，只是在发展教师个人专业素养中的一项或几项。但是，专业发展毕竟不是教师从教经历中偶然出现的几个"点"，它会贯穿于地方高校体育教师的整个职业生涯，是一个持续不断的动态过程，在这一过程中，地方高校体育教师从教育观念到教育教学方法再到运动技能、卫生保健知识都会有所改变。因此，地方高校体育教师的专业发展，不应被看成是某一项或某几项素质和能力的提高，而是其对自身专业素养的全面优化，正如有学者指出的那样，"体育教师的专业发展是一个终身学习的过程，是一个不断解决问题的过程，是一个体育教师的职业理想、职业道德、职业情感、社会责任感不断成熟、不断提升、不断创新的过程。"③

地方高等院校体育教师专业发展的特殊性反映在三个方面：

① 潘凌云，王健．主体性视阈下体育教师专业发展的真实意蕴［J］．武汉体育学院学报，2011（6）：98.

② 胡庆山．体育课程实施主体论［D］．武汉：华中师范大学，2009：167.

③ 潘凌云．从自在自发到自由自觉——体育教师专业发展的突破与超越［J］．武汉体育学院学报，2008（6）：96.

第一，地方高校体育教师的专业发展，是体育教育观念、教育基本理论与技能、体育专业知识与技能的一体化发展。这一点主要是针对其他学科的教师而言。对高等院校中的绝大多数学科来说，教师专业发展的内容，主要是学科专业知识以及教育专业素养（包括教育理论素养和教育技能），而体育教师则由于需要通过课程的形式，向学生传授一定数量的体育技能。所以，体育教师不仅要具备娴熟的体育技能和丰富的体育知识，而且还要懂得教育和教学，知道如何将技能以恰当的方式教给学生。由此，体育教师的专业发展，就不能只是"书斋式"的听听讲座、读读书本，而需要"理论学习"与"技能学习"、"室内讲座"与"户外实践"相结合，以实现他们体育教育观念、教育基本理论与技能、体育专业知识与技能的全面发展。

第二，地方高校体育教师的专业发展获得的外在支持较为有限。首先，从地方高校的整体发展上来看，由于隶属于省一级政府部门的管理，和中央部属高校相比，地方高校拥有的办学资源和发展空间并没有那么多，在这种大环境的制约下，这些学校中体育教师的专业发展必然会受到一定程度的影响，它们或许没有那么多的专业发展途径和很高的专业发展平台，参加进修、培训的层次和机会较为有限，学校也可能无法为此提供有力的政策和资金支持，很多教师即便有专业发展的意愿，也会在现实面前而有所迟滞。其次，无论是在中小学还是大学，体育课一直处在"说起来重要，做起来不重要，忙起来不要"的尴尬位置，经常被当作"放松休闲"时间，这也导致在地方高等院校中，除对体育专业的学生外，体育教师都属于一个比较边缘的群体，学校不大会严格要求体育课的教学质量，也很少把体育教师视为教学与科研的主力，对体育教师的专业发展自然也不会予以太多的关注和支持。再次，在地方高等院校中，由于公共体育课是所有专业大一、大二学生的必修课，课程时数众多，体育教师的教学任务往往比较重、工作压力比较大，更有甚者，一些体育教师还会负责体育学院（或体育系）学生的专业课教学，这更是进一步压缩了可供他们个人支配的时间。自由时间的不足，使体育教师无暇顾及自身的专业发展，延缓了他们专业发展的进程。

第三，地方高校体育教师的专业发展的自主意愿较为有限。学生和学校对体育课重视程度的不足，导致地方高校体育教师的工作强度虽然大，但难度却不是很高，这也使他们并不容易产生不断完善自我、提高自我的想法。因此，除去地方院校难以提供强有力的外在支持外，很多体育教师专业发展的自身意愿和动力也没有被激发出来。在地方高校中，有很大一部分体育教师是从专业运动员转入的，他们的运动技能、运动知识是非常丰富的，这在为他们完成体育教学任务奠定良好基础的同时，也容易使体育教师产生懈怠情绪，觉得自己的能力足以胜任没有太多质量要求的大学体育课。这种"安于现状"的心态，对地方院校体育教师的专业发展存在着比较大的消极影响。

三、地方高校体育教师专业发展的维度和内容

如前所述，地方高校体育教师的专业发展，是扎根、服务于地方高校体育教育活动的一种专业自主行为。因此，学校体育对地方高校体育教师专业素养的要求，划定了他们专业发展的基本内容和维度，具体而言，地方高校体育教师专业发展主要包括以下几个方面：

第一，地方高校体育教师的专业发展，首先要发展的是他们作为教师的一般性素养。无论其所教授的学科需要怎样的专业知识和技能，地方高校体育教师都首先是一名普通教师，他必须具备那些作为教师的基本素养，这些素养主要有职业道德素养、知识素养、能力素养等。在这些教师的基本素养中，地方高校体育教师的职业道德是最为关键和重要的。“学高为师，身正为范”，相对于其他社会行业，这是教师职业的特点，教师只有师德高尚，才能更加认真地履行教育职责，才能更好地服务于学生的发展，才能更好地以身教带动言传，使学生明白做人做事的道理。为此，地方高校体育教师就要认真学习和严格遵守《教师法》《关于建立健全高校师德建设长效机制的意见》《高等学校教师职业道德规范》等文件中有关教师师德师风的规定和要求，并努力提高个人的政治素养和道德境界，成为学生的道德楷模。

第二，地方高校体育教师的专业发展，还要积极转变自身的教育观念。地方高校体育教师的教育观念虽然不像专业知识、专业技能那样直接外显于体育教学的过程，但是，它却在潜移默化中影响着他们的教学行为和教学风格。以奉行“体质论”和“快乐体育”观点的两类教师为例。如果教师认同“体质论”的体育教育观，那么，体育教师就会将增强学生体质作为体育教学的主要任务，在教学中会十分注意对学生爆发力、耐力、心肺功能、协调性等身体素质的锻炼与提高，从而使体育教学表现得更似于一个“强身健体”的过程。如果教师认同“快乐体育”的体育教育观，那么，体育教师就会尤其重视体育运动能够带给学生的主观体验，继而降低体育教学的知识性、技能性，弱化对身体的强化和训练，将引导学生感受运动的快乐、产生对体育运动的兴趣，作为体育教学的核心目标，并选取一些难度较低，但却有较高趣味性和参与度的游戏项目，作为课堂教学的基本形式。地方高校体育教师对教育观念的发展，主要是积极学习和吸收一些新的教育观、课程观。

具体而言，首先，新课改实施前，我国的学校体育实践一样受到了“双基”观念的影响，比较看重体育知识和体育技能的学习，教师往往都有“知识性”“技能性”的体育教育观。但是新课程改革却对体育教育提出了新的要求，要求体育教育能够实现“运动技能”“运动参与”“身体健康”“社会适应和心理健康”四方面的目标，其中，原来所非常强调的体育知识和体育技能只是作为整个

体育教育目标的一个部分。这就需要地方高校体育教师转变原有的“双基教育观”，而要认识到体育对人的全面影响，并将体育上升为一种对人德智体美都能产生积极影响的教育，而非简单的知识和技能教学活动，认识到体育教师在学习者全面发展中承担的综合化职责。

其次，当前，无论是体育还是其他类型的教育活动，都非常强调学习者的主体地位，并将学生的主动参与和积极思考视为一堂“好课”的基本标准。因此，地方高校体育教师有必要多学习一些实用主义、建构主义的教育理论，转变原有的“教师中心”“书本中心”教育观，将学生视为有自主意识、自主能力的学习主体，减少课堂教学过程中的灌输行为，努力激发学生体育学习的热情，培养他们的体育锻炼习惯和体育学习能力。

再次，地方高校体育教师也要改变自己是体育知识和技能传授者的“教书匠”观念，将自己视为教育活动的专业人员和课程的建设者。原先我们对优秀体育教师的定位，多倾向于“教好书”“上好课”，但是，随着观念的变化，一名优秀的体育教师不仅要教书上课，而且还要具备很强的科研能力，能够在教授课程的同时优化课程、建设课程。同时，当前的体育课程，尤其是大学阶段的体育课程并没有对教学内容、时数比例、评价方法做出非常细致明确的规定，而设计体育课程的形式，选择体育教学内容、教学方法、考核标准和评价方法，以达成课程目标便成为体育教师自己的任务，这都迫切需要地方高校体育教师改变自己只是课程执行者的观念。因此，地方高校体育教师对自身教育观念发展的另一项任务，就是要逐渐改变好教师就是教好书的教育观念，将自身视为从事教育活动的专业人员，以积极主动的姿态参与课程建设。

第三，地方高校体育教师的专业发展，要发展自己的专业知识和专业技能。“作为为一名专业的教师，应该具备普通文化知识、所教学科的专门知识和教育学科知识三个大的方面，而且三个方面的知识应该是相互结合和交融的”，[①] 尽管体育知识和技能仅仅是体育教育的部分内容，但它们却是地方高校体育教师专业素养的基础。地方高校体育教师对专业知识和技能的发展，主要是在于“丰富”和“更新”。就“丰富”而言，我国对体育教师的职前培养，多数都会采取“专项”的方式（如网球专项、乒乓球专项、田径专项等），这种培养方式虽然可以让体育教师较为娴熟地掌握某一项技能，但也容易导致教师对专项以外的技能不够熟悉和熟练。

因此，为了更好地适应当前体育课程愈加多样化的需要，地方高校体育教师就有必要去了解一些专项之外的知识和技能，从而进一步开拓自己的视野，完善自己的知识结构。就“更新”而言，在现代社会，体育知识和体育技能的更新

① 教育部师范教育司．专业化的理论与实践［M］．北京：人民教育出版社，2003：55~56.

速度在不断加快，地方高校体育教师如果不及时了解这些新知识和新技能，就很容易落后于时代的发展，导致教师对一些比较新的课程内容“不会教”或者“教不好”。为了避免这种问题的出现，地方高校体育教师就要不断去了解、吸收一些新的体育知识，学习新的体育运动技能。例如，2022 年，冬奥会即将在我国举办，随着体育部门和教育部门的大力推进，“冰雪项目进学校”已成为一种必然的趋势。但对绝大多数地方高校体育教师而言，都不大熟悉这些项目，更别谈高质量地教授给学生。所以，这就需要体育教师尽快开始对冰雪项目相关知识和技能的学习，从而保证自己能够承担起在学校宣传和普及冰雪项目的任务。

第四，地方高校体育教师的专业发展，要发展自己的教学技能和方法，强化自己的教育教学实践能力。教学毕竟不是个人的才艺展示，教师不仅要会，而且还要会将学会的内容教给学生。地方高校体育教师掌握了体育专业知识和专业技能，只是具备了教的内容，但要想学生真正高效地获得知识和技能，就还需要一些教的方法和技能。如前所述，由于培养方式和师资来源的原因，现阶段我国有很多地方高校体育教师，尽管不缺少体育知识和技能，但对于教育学、心理学、学科教学法的内容却不够熟悉。与此同时，现阶段国内外出现了很多新的教学技能和教学方法，了解这些技能和方法，并将它们应用于体育教学实践，对于激发体育课堂的活力、提高体育教学的趣味性是有帮助的。所以，为了弥补自身专业素养的缺失以及紧跟教学方法和技能的进展，地方高校体育教师在日常工作生活中，就要多了解一些教学技能、教学方法方面的知识，并在体育教学实践中加以运用和磨炼，从而使自己的体育知识、体育技能能够和教育知识、教育技能更好地融合在一起。

第五，地方高校体育教师的专业发展，要发展自己的专业情感和内在动机。专业情感和专业动机是体育教师专业素质结构的重要内容。就专业情感而言，长期以来，“在技术理性的驱动下，教师专业发展注重的是教师职业技能的训练，忽视了教师情感方面的培养，而教师普遍缺乏教育的人文情怀和精神，也难以促进学生健全人格的形成。”① 实际上，教师的专业情感十分重要，良好的专业情感，不仅可以引导教师形成正确的教育观、学生观、职业观，愈加爱岗敬业、热爱学生，还可以帮助教师学会正确地认识自己、恰当地表达情感，推动其教育教学工作的顺利开展。在现实生活中，教师的专业情感可以分为积极情感和消极情感，但由于教育是培育人的社会活动。所以，这就决定了在教育过程中，教师要有更多的积极情感，这对体育教师而言同样如此。

体育教师的积极情感主要体现在对自己、对学生和对工作的态度选择方面。对自己的积极情感，主要是能够正确认识自己的优势和不足，能够以平常心对待

① 马多秀．论教师专业发展的情感维度［J］．教育理论与实践，2013（4）：37.

自己的不完美和别人的建议，进而以积极的心态发扬自己的优点，克服自己的不足，增强专业自信和对专业自知。对学生的积极情感，主要是对学生的发展有正确的认识，能够认识到体育在学生成长和发展过程中的重要地位，能够确立全面发展的学生观、教育观。对工作的积极情感主要是体育教师要真正认同教师这一职业，热爱体育教育的工作岗位，对待教育教学工作认真负责、兢兢业业。就动机而言，作为教师心理因素的核心成分，教师动机与教师的教学实践密切相关，而教师的教学实践与学习者的学业成就有密不可分的联系。

体育教师专业发展的动机分为内在动机和外在动机，外在动机的增强主要依赖于一些物质、政策性激励。由于这些激励有很大的偶然性，所以，外在动机受外在环境的影响会比较大，可能会呈现出较大的波动。与之相对，内在动机的增强则和教师的个人认知、个人价值观相关。由于这些内容一旦形成就不大容易发生变化。因此，内在动机较少受外在环境的影响，它相对稳定。正是由于这样的原因，在教师专业发展的动机中，内在动机更加可控和持久。内在动机会对教师的专业发展造成显著影响，“一方面，教师动机在个人因素中处于核心地位，统摄或影响着其他要素；另一方面，教师动机决定着个体在专业发展中的行为方向和达成目标的努力程度，从而成为教师专业发展有效性的重要预测变量。”① 借助内在动机的激励作用，地方高校体育教师的专业发展会更加主动和自觉，会在一定程度上减小外在环境对教师专业发展的影响，促进体育教师专业发展由被动向主动的转变。

四、地方高校体育教师专业发展的影响因素

事物的发展是内外的协调统一，内因是根本，外因是条件，体育教师的专业发展亦是如此。在地方高校体育教师专业发展的过程中，教师专业发展的意愿和动机是内因，对体育教师专业发展的影响是根本性的，而教师所任职的学校是外因，构成了体育教师专业发展的条件。而基于体育教学实践的教学反思、教育科研、训练比赛以及各级各类的在职培训，则是体育教师专业发展的途径，是内外因发挥作用的平台。

第一，体育教师的意愿和动机是专业发展的先决条件。专业发展虽然是有益于教师的事，但并不是所有的教师，都会对专业发展报以积极态度。体育教师的专业发展，是体育教师个人的专业发展，个人对这种行为的认同，是学校采取相关措施的前提，换言之，只有体育教师认识到自身专业发展的必要性和紧迫性，并将完善自我的专业素养作为一种内在需要，其他的外在推动力（如学校的鼓励性政策、校内外的各类培训等）才能真正发挥出作用。因此，激发体育教师专业

① 韩佶颖，尹弘飚．教师动机：教师专业发展新议题［J］．外国教育研究，2014（10）：91.

发展的意愿和动机，使他们认识到专业发展对个人的重要价值，是推动体育教师专业发展的第一步。

第二，体育教师的教学实践和教学反思，是促进其专业发展的关键。首先，由于教学很大程度上是经验的积累，随着教龄的增加，教师的专业文化素养得到积累和提高。体育课程教学掌控能力会随着教龄的增加和经验的积累，逐渐得到加强，同时对于教学研究也有了更深刻的理解。因此，体育教师进行教学实践是提高教学能力最直接和有效的途径。地方高校体育教师专业发展要与实践紧密结合，以实践为基础提高综合素质，并以实践为标准对教师能力进行检验。其次，自我反思是教育理论界非常注重的一种教师专业发展路径或策略，其主要目的并不在于获取外在的、技术性知识，而是在于通过这种或那种形式的“反思”，促使教师对于自我、自己的专业活动直接相关的物、事有更为深入的“理解”，发现其中的“意义”，以促成“反思性实践”为追求。① 反思对促进教师的专业发展具有重大意义。提倡教师在专业实践中反思、培养反思意识和能力，已经成为当前教师教育的一个主流。在新的时代背景下，社会所期望的教师，已经不再是经验型教师，社会对于高度专业化教师的需求越来越紧迫。随着体育与健康不断得到重视，体育教师不再是可有可无和随意替代的，虽然地位有所提高，但整体状况仍不容乐观，体育教师与其他专业教师相比，特别是专业化程度较高的律师和医生等行业，地位明显高于体育教师，即使与一般学科相比，体育教师也显得底气不足，这与当前体育教师专业化发展落后有直接关系。

在长期的灌输性教学模式的限制下，体育教师往往只是被动地通过教学活动获取狭隘的教学经验，体育教师养成了只管听和只管教而不用考虑为什么教、怎么教的习惯，体育教师缺乏对教育理念、教育方法的思考，缺乏对各种教育问题的理解和解决能力，在这种发展状况下教师专业无法成为完全的专业。体育教师专业向前发展不能将动力寄托在政策上的支持和社会观念的自主转变，而是要依靠自身的努力，从内部寻求突破，不断通过教学实践和对实践进行反思，加强专业自主意识，拓展专业自主发展空间，推动体育教师专业发展。

第三，体育教师所任职的学校，是专业发展的外部推力。高校教师的专业发展，多是以学校为单位进行的，学校是否支持教师的专业发展行为，是否愿意为教师的专业发展提供实际保障，是学校教师专业发展的重要条件。学校对体育教师专业发展的推力主要集中在政策和资金两个方面。另外，需要特别强调的是，和其他学科的教师相比，地方高校体育教师的专业发展会更依赖于学校的推动，这是因为，体育是地方高校中一个较为边缘的学科，体育教师的专业发展往往不被重视，他们很少有外出参加培训、会议的机会，甚至有很多体育教师自己都缺

① 教育部师范教育司．教师专业化的理论与实践［M］．北京：人民教育出版社，2002：29.

少专业发展的动力。所以，如果学校不予以重点关注和支持，体育教师的专业发展的热情就很难被真正激发起来。

第四，建立在体育教育实践基础上的教学反思、在职培训、教育科研、训练比赛等是体育教师专业发展的途径。教学实践不仅是教师的日常工作，也是教师专业发展的源泉。教师专业发展最直接的途径就是对教学实践展开反思。所谓教学反思，指的是教师对所从事的教学活动以及这些教学活动涉及的理论、观念进行深入思考，并在此基础上对其教育观念、教学能力进行优化行为，简言之，教学反思是教师为提高自身专业素养而对教学活动进行审视的行为。体育教师的教学反思主要针对是教师个人教学实践中备课、讲授、提问等环节存在的瑕疵与不足。在职培训也是教师专业发展的有效途径。地方高校体育教师在职培训的形式有很多，比如有学历提高性质的在职培训，体育专业知识和技能方面的专项培训(包括裁判员、教练员的资质认证或提升培训)、教育理论素养和教育技能培训、教育观念培训等。再者，教育科研对体育教师的专业成长亦有裨益。旨在改进体育教学和体育课程的教育科研活动，是高校体育教师科研工作的一项重要内容。通过此类科研活动，体育教师可以对体育课选择哪些内容、如何取得更好的教学效果形成更加清晰的认识。

另外，体育教师的专业成长还有一个非常具有“体育”特色的专业成长途径，就是训练与比赛。当然，这里所说的训练与比赛并不是体育教师作为运动员去参加的训练与比赛，而是体育教师在获得训练员或者是教练员的资质后，指导学生依照运动竞技的规律展开训练与比赛。通过这种活动，主要发展的是体育教师对体育专业知识、技能的了解程度，拓展他们的视野，继而可以辅助他们更好地展开体育教学活动。

第三节 地方高校体育教师专业发展的时代价值

一、促进地方高校体育教师自身业务能力的提升

从数量上看，地方高校已经占到了我国高校总数的90%以上，但总体上看，如此多的地方高校却并没有在人才培养、科学研究方面发挥出和它们所占数量相匹配的“能量”。这其中固然有不同类别学校功能定位不同的原因，但不可否认的是，有相当多的地方高校存在着办学质量差、人才培养低效化的问题。提高地方高校办学质量，最核心的还是要有一支高水平的师资队伍。而想要打造出思想素养高、业务能力强的教师队伍，可以以“引进”的方式，在海内外公开招聘一些优秀教师，进一步优化教师队伍的结构，也可以以“内生”的方式，促进校内已有教师的专业发展。在上述两种提高师资队伍质量的方式中，“引进”的方式尽管见效快，但毕竟会受限于教师名额、用人政策的影响，缺少稳定性和持

续性，而“内生”的方式虽然见效慢，但由于直接作用于校内教师，不仅便于操作和实施，而且其效果也会更稳定和持久。因此，推动校内教师专业发展，是地方高校不断提高办学质量，确保自身可持续发展的核心动力。

体育教师作为地方高等院校教师队伍的组成部分，他们的业务能力一定会对地方高校的办学质量产生影响。从微观层面看，地方高校体育教师的教育观念、专业素养、言谈举止等会影响到一节体育课的授课质量，会成为学生运动兴趣、运动习惯的直接干预因素，从宏观层面看，地方高校体育教师的工作对阳光体育运动在地方高校的开展，对提高大学生的体质健康水平都有着非常重要的作用。地方高校体育教师对自身职责的履行，需要以较高的专业素养为前提，即在专业思想、专业知识、专业能力等方面有足够的积累和准备。但现实是，由于现阶段高校体育教师的专业化程度很低，有很多地方高校体育教师是由运动员直接转型而来，导致他们缺少“作为一名体育教育者”的背景知识和实践经验，他们可能擅长比赛和训练，却不能胜任课堂教学和教育科研工作。

在短时间内改变地方高校体育教师的来源和人员结构，实现地方高校体育教师专业化程度的快速提高，显然有着非常大的操作难度，而丰富地方高校体育教师的专业素养（尤其是教育素养），增强他们的实践能力，并在此基础上推动他们的专业发展，则更加适合于地方高校的现状。通过专业发展，或许不能解决地方高校体育教师队伍建设面临的全部问题，但确实可以有效改进地方高校体育教师教育教学专业知识缺失、教科研能力薄弱、懂训练不懂教学的问题，引导那些由教练员、运动员转型而来的体育教师，尽快转变身份和角色，尽快具备体育教师应有的知识和能力，尽快适应体育教学的工作，将运动技能和教育技能、竞赛经验和教学经验结合起来，打造高质量的体育课堂，提高作为一名体育教师的业务能力。

二、有利于提高地方高校的体育教学质量

高校办学质量的核心是教学质量，对教学质量的优化是提高学校人才培养质量的关键。当前，经济社会的发展和高等教育大众化的背景，为高等教育发展带来了新的议题。面对新时期的社会需求，高校教育提出了分类发展的应对模式，特别是地方本科高校围绕这一发展方向找到了新的出路。当前国家提出了应用型人才培养战略，而地方高校在发展和培养目标上更适应应用型人才培养的整体战略，向应用型高校转型。在这种背景下高校体育教师必须提升自身综合能力，进而有效地提高人才培养质量。

地方本科高校在一定程度上代表了一个地区的科技创新和科研能力，一方面高校要承担为本地区培养社会发展所需要的高素质应用型人才的责任，另一方面还要为地区经济发展和科技创新提供技术支持。地方普通高校无论是在学校数量

还是在校大学生人数上都占有较高的比重，这类高校教师水平直接影响我国高校人才培养整体质量状况，也影响和限制着地区经济发展和科技进步。与具有深厚办学经验和办学条件的重点高校相比，地方高校无论在自身条件和生源上都存在明显的劣势。在当前高校不断扩招和生源日益减少的严峻形势下，各地方高校必须从自身入手，提高办学质量，开发办学特色，提高人才培养质量。而这一切的前提是重视教师教学能力的发展，建设一支高水平教师队伍。

教师的专业发展水平会直接影响课堂教学质量。具体到体育教育领域，尽管当代教育愈发强调“学”的作用和价值，但作为“教”的一方，体育教师的教育观念、拥有的专业知识和专业技能，依然会对学生的学习效果产生深刻影响。近年来，随着国家对青少年体质健康状况的强调和重视，以及阳光体育运动的深入开展，确保体育课教学时数，提高体育课堂教学质量已成为学校体育的重要发展方向。高质量的体育教学，自然离不开高水平的体育教师。通过专业发展，体育教师的教育理念可以得到更新，专业知识可以得到丰富，专业技能可以得到提高，而积累的教学经验可以得到反思。与此同时，专业发展还能促进体育教师的专业学习，这可以在一定程度上克服现阶段部分体育教师（主要是由运动员直接转型而来的体育教师）职前培训不足或缺失的问题，使他们更加符合体育教师的要求。

总之，专业发展对地方高校体育教师的提高是全方位的，它有助于体育教师教学能力的优化和增强，也有助于体育教师以更加先进的教育理念进行课堂教学设计，从而使体育课堂更加高质高效，使学生更喜欢体育课，通过体育课学到更多的知识和技能，养成良好的体育锻炼习惯。

三、有利于形成特色化的体育课程

突出办学特色、走差异化发展道路，是当前地方高等院校在高等教育大众化阶段提高自身竞争力的有效方式。就目前来看，追求专业设置“多而全”的发展取向，使得很多地方高校陷入了“同质化”发展的尴尬境地：原有专业和课程没有做到与时俱进，缺少创新点和突出特色，新开专业和课程优秀师资不足，缺少积淀，表现得多而不强，导致学校很难形成核心竞争力。因此，地方高校要想提高发展质量，就一定要形成在教学方式、课程内容、专业设置方面的特色，走出“同质化”的困局。

相对于其他专业课程，地方高校的体育课会更加灵活和多变，它可以和学校的校园文化、校园环境、学生需求发展更加紧密地联系。例如，如果学校校园内或附近有山地，而学生恰好又对户外项目比较感兴趣，学校完全可以利用山地资源开展户外徒步、户外登山类的体育课程，在丰富体育课程内容、提高学生对体育课学习兴趣的同时，还可以将“户外”变为学校的一门特色课程，一张吸引人的名片。

当然，开发富有特色的体育课程，体育教师是主体和主要参与者。体育教师是否了解体育课程设计和编排的基本要求，是否会开发新的体育课程资源，是否具备创建校本课程的能力，会直接影响到一门具有学校特色的体育课程能否被创建出来。而上述知识和能力，恰恰是体育教师专业发展的重要内容。通过在职培训、自我提升等多种形式的专业发展，体育教师将有机会学习和掌握一些有关于教育、教学、课程方面的知识，借以提高优化自身的教育素养，并为增强体育教师的体育教学和形成体育教师的课程开发能力，做好知识上的准备。

第二章
调查的设计与实施

在当前，我国由人力资源大国向人力资源强国转型的进程中，提升国民的身体素质和体育健康意识是其中至关重要的内容。按照通俗的说法，身体是革命的本钱，身体这个根本性的存在如果出现任何问题，其他一切的工作便都没有了存在的基础。因此，对人们体育健康意识的培养便显得十分重要。作为人才培养基地的高等院校，尤其是地方高等院校，其所培养人才的相当部分会进入基层一线的学校之中，为下一代的身体素质发展和体育健康意识的发展做出贡献。因此，地方高等院校体育专业的发展有着重要的战略价值。作为培养体育人才的学校，其体育师资的发展状况应该引起足够的关注。地方高校体育专业师资的专业发展问题，如同其他专业，以及中小学教师的专业发展问题一样，都面临着一些与专业性职业从业者类似的问题，但也会面临一些地方高校体育专业所独具的特色性问题。发现地方高校体育教师专业发展面临的问题，并对这些问题的生发进行归因探析，能够为地方高校中体育教师的专业发展，提供可以借鉴的学理和统计依据，为地方高校体育教师获得更好的专业发展，提供必要的专业性支持。

本章旨在呈现H省五所地方高校体育教师的调研情况，包括样本学校概况及其体育学科的现状扫描，本研究的方法选择及其在论文中的应用，以及样本的抽取和资料获得的过程。另外，本章还呈现了样本的基本构成，以及定量、定性资料的信度和效度检验等内容。

第一节　样本高校及其体育教师情况扫描

因为高校特征的不同，高校内的体育专业也有着不尽相同的专业发展定位和特征，体育专业在具体高校专业生态中的定位、发展环境等也存在显著差异。本书要探讨地方高校体育教师专业发展问题，因此，选择单一的某所地方高校所得出的结论会存在抽样偏差的问题，不能真正反映地方高校体育教师专业发展的现实问题。所以，在综合考虑的基础上，笔者选择了H省的五所省属高校作为样本选择单位，涵盖综合类和师范类两大门类。五所高校中，有三所省属重点建设大学，两所省属普通本科院校。下面，笔者就此五所省属高校的基本情况进行简要的介绍。[①]

一、A 大学及其体育教师情况

A 大学坐落在 H 省东北部的 J 市，学校成立于 1947 年，迄今已有 68 年历史，是中国共产党在东北地区最早建立的几所高等院校之一，目前也是 H 省重点建设的十所高水平大学之一。学校占地面积 1965 亩，建筑面积 57.6 万平方米，下设 25 个学院和 66 个研究所。学科专业涵盖文学、理学、工学、医学、经济学、教育学、法学、历史学、管理学、农学、艺术学等十一大学科门类。拥有完整的学士—硕士—博士培养体系。A 高校教学科研实力在省属高校中位居前列，有 3 个国家级特色专业和若干省级重点专业。学校现有教职工 5000 多人，其中高级职称 1500 多人，占比 30.7%。有全日制本科在校生 23000 余人，硕博士研究生近 1400 人，在 H 省的高校中具有重要影响力。

A 大学的体育教育隶属于体育学院（二级学院），是 A 大学中比较年轻的二级学院之一，由几所地方院校的体育部于 1999 年合并而成，并于同年被评为全国体育卫生工作先进单位。学院现有在校本科生 400 多人，现有省级重点和精品课程 2 门。在师资力量方面，现有专任教师 88 人，其中正高职称 9 人，副高职称 24 人，正副高级职称所占比例为 37.5%。拥有硕士学位及以上的教师近 40 人。有国际、国家级裁判 3 人，国家一级裁判 21 人，师资力量相对较强。

二、B 大学及其体育教师情况

B 大学位于 H 省西部的 Q 市，学校成立于 1952 年，是 H 省西部地区唯一一所省属综合性普通高等学校，是 H 省重点建设大学之一。学校占地面积 1890 亩，建筑面积 75 万平方米。学校享有“花园式学校”的称号，曾获“十佳和谐校园”称号，曾获“全国文明单位”等称号，是 H 省重点建设高校。学校现有包含体育学院在内的 22 个学院，涵盖了 11 个学科门类，有国家特色专业 4 个，省级重点专业 17 个，拥有 21 门省级精品课程，14 个一级学科硕士学位授权点，并且截止到 2015 年底，学校已经通过了新增博士学位授予单位立项。在师资力量方面，学校现有专任教师 1500 余人，其中教授、副教授职称近 700 人，占比 45.2%。拥有博士、硕士学位教师占专任教师总数的 77%，硕士生、博士生导师 183 人。学生方面，学校拥有在校生总计 26000 余人，其中本科生 24000 多人，研究生 1200 多人，留学生和成人生合计 6000 多人。

B 大学体育学院成立于 1958 年，是 B 大学成立较早的院系之一，2004 年撤系建院。学院现有在校本科生 500 多人，有省级重点和精品课程 6 门。在师资力

① 五所高校的基本信息全部来自学校和学院的官方网站。遵循匿名原则，下文中的信息不再加注具体引用地址。

量方面，现有教职工 96 人，专任教师 76 人，其中正高、副高职称教师 38 人，正副高级职称所占教职工比例为 39.6%。拥有硕士学位及以上的教师近 60 人。有国际、国家级裁判 2 人，国家一级裁判 15 人。师资力量在 B 大学总体处于较高水平。

三、C 大学及其体育教师情况

C 大学是一所师范类大学，校区位于 H 省省会城市北部，学校成立于 1951 年，迄今已有 65 年办学历史。C 大学是 H 省省属重点大学，被认为是 H 省教育、艺术、人文社会科学和自然科学的重要人才培养基地和科学研究基地。在 2007 年的教育部本科教学工作水平评估中获优秀等级。学校占地面积 5190 亩，建筑面积 150.1 万平方米。现有专任教师 2030 人，其中教授、副教授 1080 人，博士、硕士生导师 850 人，有国家级突出贡献专家等高级人才 68 人，省级高级人才 83 人。学校现有 27 个学院，77 个本科专业，6 个一级学科博士后科研流动站，5 个一级学科博士学位授权点，22 个一级学科硕士学位授权点，有国家级优秀教学团队、国家级实验教学中心等 3 个，10 个国家级特色专业，18 个省级重点专业。现有全日制在校本科、硕士和博士生共计 4.2 万人。

作为师范院校的支柱性专业，体育教育在很早便纳入了 C 大学的学科体系之中。C 大学的体育系在 1951 年成立，后在 1999 年与公共体育部合并成立体育科学学院。体育科学学院在 C 大学的各二级学院中具有一定的优势，曾被教育部确定为全国八所学校体育学科重点建设基地之一，被国家体育总局体育文化发展中心批准为体育文化基地，体育行业国家职业资格培训基地。体育科学学院还是 H 省民族传统体育项目培训基地。学院的整体教学、科研实力较强。现有专职教师 126 名，其中教授 18 名，副教授 53 名，正副教授占所有教师的比例超过 50%。在所有教师中，具有博士学位的教师 11 人，具有硕士学位的教师 46 人。学院现有 H 省人事和社会劳动保障厅省级重点学科梯队专业技术带头人、专业技术后备带头人各 1 名，省级青年教学能手 1 名。现有全日制在校生 600 多人。

四、D 大学及其体育教师情况

D 大学位于 H 省东南部的 M 市，是一所师范类的全日制普通本科院校。D 大学创建于 1958 年，是国务院批准的首批具有学士学位授予权的高师本科院校。被认为是 H 省东南部地区教师教育研究中心、基础教育研究中心和继续教育培训中心，是中国政府奖学金院校，学校具有硕士、学士两级学位授权体系。2009 年在本科教学工作水平评估中获得优秀。学校占地面积 1575 亩，校舍建筑面积 41.6 万平方米。D 大学有包含体育学院在内的 18 个二级学院，52 个本科专业，涵盖工学、理学、教育学等 10 个学科门类。有 4 个一级学科硕士学位授权点，体育科学教育等20个二级学科授权点。有国家级特色专业和国家级综合改革试点专业各1个，省级重点专业6个，省级精品课程14门。在师资队伍方面，D大学现有专任教师776人，其中具有正副教授职称的374人，占全部专任教师的48.2%，具有博士、硕士学位623人。在师资队伍中，6人享受国务院及省政府特殊津贴，1人为教育部教职委员，拥有国家级优秀教师2名，国家级优秀教育工作者1人，省级教学名师4人，省级教学新秀2人。在学生方面，学校现有全日制在校生15000余人。

体育科学学院为D大学主要的二级学院之一，成立于2009年（1958年至2009年为体育系），也是D大学在教学和科研等方面具有一定优势的二级学院。学院现有专任教师51人，其中正、副高级职称教师26人，占所有专任教师的51.0%。在所有专任教师中，拥有博士学位的教师7人，占13.7%。学院师资力量较强。学生方面，该学院现有全日制本科学生400多人。

五、E大学及其体育教师情况

E大学位于H省省会城市，是一所非常年轻的学校，2000年才经教育部批准，由五所学校合并升本而成，是市属的唯一一所本科高等院校。学校占地面积973.5亩，建筑面积44.7万平方米。E大学下设教育学院、工学院、体育学院等10个二级学院，设置有43个本科专业，涵盖九大学科门类，其中国家级特色建设专业1个，国家级专业综合改革试点项目1个，省重点专业4个，省重点建设学科1个。学校现有专任教师635人，其中教授、副教授304人，占专任教师总数的48%。具有博士和硕士学位的教师共464人，占专任教师总数的73%。在所有教师中，享受国务院和省政府特殊津贴的专家有5人，省优秀中青年教师1人，省教学名师、教学新秀6人，博士研究生导师1名，兼职硕士研究生导师16名。E大学在校全日制学生超过11000人。

E大学体育学院是学校较为优势的专业。据官网介绍，学院的运动队（田径队、篮球队等）多次代表国家、省、市参加各类比赛，并获得优异成绩（如田径队获得国家级金牌5枚、银牌6枚、铜牌3枚，省级金牌12枚、银牌19枚、铜牌30枚等）。体育学院下设体育教育和社会体育指导与管理2个本科专业。现有专任教师42人，其中教授有4人，副教授25人，高级职称占教师总数的69.0%，在教师的学历方面，有博士3人，具有硕士学位的有18人。学生方面，现有在校全日制体育学生400余人。

第二节 方法选择与调研实施

对高校体育教师专业发展问题的研究，学界已经有一些相对完整的研究，主要成果集中在硕博士学位论文方面。但这些研究大多以某一高校为例，缺乏高校之间的比较性研究，其研究结论通常不具有更广泛的代表性。另外，已有的研究大都采用单一的问卷调查或访谈的方法进行，采用的数据分析方法也多止于描述性统计，对数据内部的关系挖掘不够深入，未能充分呈现高校体育教师专业发展的内部复杂性。基于此，本研究通过对不同高校体育教师专业发展进行比较性研究，采用调查问卷和深度访谈相结合的方式，力求更为精细地探究当前我国地方高校体育教师的专业发展现状，存在的问题，以及这些问题产生的原因，并最终提出有针对性的政策建议。

一、研究方法选择

针对既有研究在样本选择和方法上的局限，本研究在样本的选择上，突破高校数量的限制，选择了同属某一省份的五所地方高校作为样本来源学校。之所以选择同一省份的不同高校是基于两个方面的考量：一是同一省份的省属高校，在学校的政策监管、经费来源，以及学校行政架构等方面具有一定的同质性，便于进行总体性分析，也可进行较为精细的内部差异性比较。二是受限于笔者的社交网络，笔者长期在地方高校工作，也逐渐建构了一定的人际网络，但这一人际网络具有明显的地域特征，以笔者所工作的高校所在地为圆心向四周延展，却往往止于省际边界，在省域内部，笔者与其他高校同专业人群有着相对密切的交流，而在省域之外，笔者与其他高校同专业人群的交流便变得稀疏了。为了抽样的方便性，选择省域内高校体育教师作为调查研究对象成为必然。

（一）混合研究法的优势

在研究方法上，既有研究大多采用定量研究范式，通过对数据间关系的挖掘来探求高校教师专业发展存在的问题。这一点本无可厚非，定量研究的长处在于探究数理关系，采用自然科学模型，尤其是实证主义，其本体论的目的是客观主义，最终得出确定性结论。但我们都知道，作为生存于社会之网中的人类，其思想和行为往往具有不确定性，单纯依靠定量的实证研究并不能完全探究清楚这种不确定性，此时，具有解释主义取向的定性研究范式便是一个很好的补充。定性研究的本体性倾向是建构主义的，其寄望于通过对被研究者话语和行为的深度分析，有效地解释其行为背后的动力机制。因此，假若在一项研究中，定量与定性能够有机地结合在一起，共同为研究主题服务，则善莫大焉。这种新近兴起的研究范式被称为是“混合研究方法”。

何谓“混合研究方法”呢？依照其表面意思，混合研究方法是指在单一研究项目中融合使用不同的方法，最简单的混合方法策略是同时使用质的研究方法和量的研究方法，是质与量研究范式的混合使用。① 混合研究方法被认为有三个区别于其他社会研究方法的特征：其一，在单一研究项目中既使用质的研究方法也使用量的研究方法；其二，关注多种研究方法之间的联系，采用三角互证的方法来验证结论的准确性；其三，混合研究方法是“问题驱动”的，在这个意义上它把研究问题看得高于一切，强调针对研究问题采用最实用的方法，采用实用主义的姿态。② 混合研究方法的优点在于扬长避短，“通过联合多个观察者、多种理论、多重方法和数据资料，研究者可以克服来自单一方法、单一观察和单一理论研究方法的内在偏差。”③ 混合研究方法为研究者提供了一个用不同的方法验证研究结果的机会，从不同的方法中寻找结果的聚合、证实和一致。④

单从其实效性看，似乎混合研究方法有诸多好处，是一个值得大力推广使用的研究范式。但事实上，关于混合研究方法的争论从来没有停止过。争论的焦点在于，混合研究方法所聚合的质与量的研究范式，分别有着不同的价值取向，其对研究问题的解释模式也是存在差异的。依照布莱曼（Bryman）的解释，量化研究与质性研究在认识论倾向和本体论倾向上均存在差异，量化研究方法强调对自然科学模型的实证主义风格，偏重求证客观主义真理，而质性研究范式则偏重解释主义风格，采用的是建构主义模式来探究问题。但定量和定性研究的区别并不会带来二者相结合的方法的无效。⑤ 为使混合研究方法能够发挥其最大效用，博格曼（Bergman）建议了混合方法研究中的两个主要原则：其一，要区分“数据收集方法”（如无结构访谈和建立在封闭式问题上的调查研究等）和“数据分析方法”（如定性内容分析、定量内容分析、结构方程模型等）；其二，研究者可根据具体研究问题、理论和目标选择不同的搭配来理解数据。⑥ 在遵循这两个原则的基础上，采用混合质性研究和量化研究的方法能够为研究问题的解决提供更好的方案。

（二）混合研究法在本研究的运用

正是基于混合研究法在资料互补上较单一某种研究方法的优势，本研究采用

---

① ［美］马丁·登斯库姆．怎样做好一项研究——小规模社会研究指南［M］．陶保平，等译，上海：上海教育出版社，2011：90.

② ［美］马丁·登斯库姆．怎样做好一项研究——小规模社会研究指南［M］．陶保平，等译，上海：上海教育出版社，2011：91.

③ Denzin N K. The research act ［M］. Englewood Cliffs，NJ：Prentice Hall，1989：307.

④ Greene J C，Caracelli V J，Graham W F. Toward a conceptual framework for mixed-method evaluation designs ［J］. Educational Evaluation and Policy Analysis，1989，11（3）：255~274.

⑤ Bryman Alan. Social research methods ［M］. Oxford：Oxford University Press，2001：20.

⑥ Bergman M M. The straw men of the qualitative-quantitative divide and their influence on mixed methods research ［A］. Bergman M M. Advances in Mixed Methods Research：Theories and Applications ［C］. Singapore：Sage，2008：14~15.

了混合研究的范式，具体研究方法的采用会根据研究内容的不同而有所侧重。在对地方高校体育教师专业发展的现状描述中，笔者采用定量研究范式，试图从变量间关系理解的角度出发，诊断当前高校体育教师专业发展中存在的现实问题。大样本数据的收集和分析在此方面具有相对优势，其分析结果不仅有客观化取向，同时也具有较好的代表性。在对地方高校体育教师专业发展中存在问题的归因探析部分，笔者采用定性研究的范式，利用对地方高校体育教师的深度访谈资料，在深描的基础上，挖掘地方高校体育教师专业发展面临困境的深层次原因。而在对地方高校体育教师专业发展所存在问题的分析部分，笔者采用定性与定量研究方法相结合的方式，探究高校体育教师专业发展所面临的深层次问题。之所以进行如此的设计，主要是考虑了定性和定量研究范式在资料获取上的方便性，及其在具体问题分析上的优缺点。我们都知道，定量研究偏重于实证主义，力求探究研究问题的客观化表现，这种方式用在对地方高校体育教师专业发展现状方面的探究中更为合理，而定性研究偏重于解释主义，试图解释研究问题的多样化归因。因此，将其用之于地方高校体育教师专业发展困境的归因方面，能够发挥定性研究的最大效用。

二、调研实施过程

本书的集中性调研大体经历了三个阶段：

第一阶段：前期资料收集。笔者进行了第一次的集中调研，主要采用开放式访谈的方式进行，针对选题的价值和其中一些核心问题，笔者对所工作单位的同事和其他高校体育专业熟识的同仁，进行了多频次的沟通。主要目的是确定选题价值和发掘此选题下的一些核心问题，为研究的意义保障和资料收集做准备。在此调研过程中，笔者就相关问题咨询了所在单位的各类（不同职称、不同年龄等）同事，也咨询了熟悉的他校同仁。此过程的调研和写作持续接近两个月时间。

第二阶段：研究主体调研。此过程分为两块内容，一是量化资料的收集阶段，二是访谈等质性资料的收集阶段。量化资料收集阶段，笔者着手编纂地方高校体育教师专业发展调查问卷，在查阅相关资料和在前期访谈的基础上，设计了地方高校体育教师专业发展调查问卷，选择了 H 省五所地方高校体育专业的教师，于 2015 年 5 月进行问卷发放。问卷的发放通过纸质版直接发放和电子邮件投递相结合的方式，具体实施情况如此：在笔者所在学校和 A 大学、B 大学、D 大学，笔者亲自将纸质问卷发放到相关教师手中，并待他们填写完成后进行了回收，再对回收的问卷进行录入，这一过程前后持续了近一个月时间。

而对于 C 大学、E 大学，笔者通过在本校工作的熟识的同仁发放并回收问卷，再邮寄给本人进行录入。对于发放问卷时不在单位的教师，笔者通过电子邮件的方式将问卷投送至其邮箱，并陆续回收到了部分教师的反馈。当然，单从回收率的角度讲，电子邮件投递模式的回收率，远低于纸质版直接发放模式，但依然获得了一定数量的回应。在访谈等质性资料的收集方面，笔者通过对问卷的初步分析，依照“特征覆盖”的原则，在每个学校选择了 3 位教师作为访谈对象，并在之后的半年时间内陆续进行了访谈，对一些因出差而不在单位的访谈对象，笔者进行了电话访谈。完成主体资料的收集，前后总共花费半年多时间。

第三阶段：在主体资料的收集完成后，笔者对这些资料进行了系统分析，发现有一些资料的收集并不是很完善。针对这部分问题，笔者进行了系统地梳理，并有针对性地再去收集这些资料，形式主要有实地再次访谈和电话调查等。补充收集资料伴随着整个研究分析过程。因此，很难界定具体的时间节点。

第三节　样本构成与信效度检验

本书采用定量研究和定性研究相结合的混合研究方法，这两种方法的结合能有效弥补单一方法的缺憾，但需要注意的是，定量研究和定性研究均是实证取向的，即二者均需要对一线的实际情况进行调研。因此，调研样本的选择和调研内容的信效度检验显得至关重要，这决定着本研究的可靠性和可推广性程度。如果抽样方法不尽科学，则分析的结果会出现一定的偏差，进而影响结论的可靠性和推广性。另外，如果访谈的资料不经过三角互证的检验，依据此资料得出的结论则会是“片面”的，甚至不真实的。基于此考虑，笔者对调研的样本构成和所收集资料进行信效度检验，便显得十分必要。

一、样本构成说明

依照获取资料内容和方式的不同，本研究的样本可分为两类：一是问卷调查样本，通过笔者设计的《地方高校体育教师专业发展调查问卷》获得相关数据；二是访谈样本，笔者从五所地方高校体育专业中，选取一定数量的教师进行了深度访谈。下面就这些样本的基本情况进行简要介绍。

（一）问卷样本构成

问卷调查针对 H 省五所地方高校的体育教师发放，采取实地发放和电子邮件投送的方式，该五校的体育学院教师共有 383 人，采取全样本调查模式，共计发放调查问卷 383 份，其中实地发放 326 份，电子邮件投送 74 份。共计回收问卷313份，其中实地发放问卷回收287份，电子邮件投送问卷回收26份。总体回收率为81.7%，实地发放问卷回收率88.0%，电子邮件投送问卷回收率35.1%，电子邮件投送方式的回收率远低于实地发放方式的回收率。在回收的问卷中，除去不合格问卷（大量漏填，或明显不符合直观认知的问卷），共计有效问卷216份，有效率为69.0%。在有效问卷中，来自A~E大学的问卷分别占比为16.2%、19.5%、32.4%、22.2%、9.7%。来自D大学的问卷所占该校体育教师的比例最高，达94.1%，是因为D大学为笔者的工作单位，在此的数据收集相对具有一定的优势（问卷发放和回收率更高，填答的有效率更高）。尽管比例偏高，但未达到极端情况。可认为抽样的总体情况相对合理，可用于数据分析。

需要说明的是，在对五所样本高校体育教师自然状况，如年龄、职称、性别、学历等进行统计分析时，笔者通过个人的人脉关系，找到了各学校的体育教师统计表，使用的是五所高校全体体育教师的数据（383人），而在后续的实证研究中则使用了关于五所高校有效调查问卷的数据（216份）。

图2-1所示为问卷调查样本的人口学构成，在所有调查样本中，男性教师共147名，占68.1%，其比例远高于女性教师的样本，这也符合高校中尤其是高校体育专业中女性比例过少的普遍情况。在样本教师的年龄构成中，36~45岁教师占四成，是当前地方高校中的主力群体，紧接其后的是46~55岁群体，占比28.7%。35岁及以下年轻教师的比例只有17.6%，从一定程度上可认为，216份有效调查问卷中的体育教师与样本高校中体育教师的总体年龄构成比例接近，样本具有代表性。

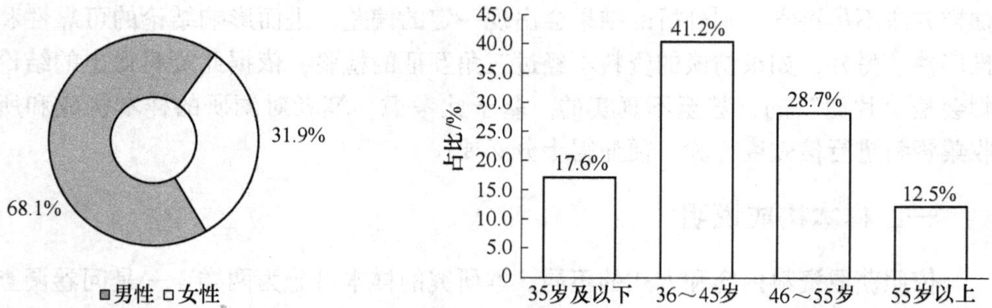

图2-1 样本的性别和年龄构成

图2-2报告了样本教师的学历和职称情况。学历方面，在216份有效调查问卷中的地方高校体育教师，拥有硕士学历的教师所占比例接近一半，有超过四成教师的学历为本科，而拥有博士学位的教师比例为8.33%。在职称方面，除助教外，教师的职称从讲师—副教授—教授呈金字塔结构，教授所占比例为10.19%，副教授为37.5%，讲师为41.66%，助教为10.65%。样本的学历和职称比例与样本学校体育教师的总体构成比例接近，样本具有代表性。

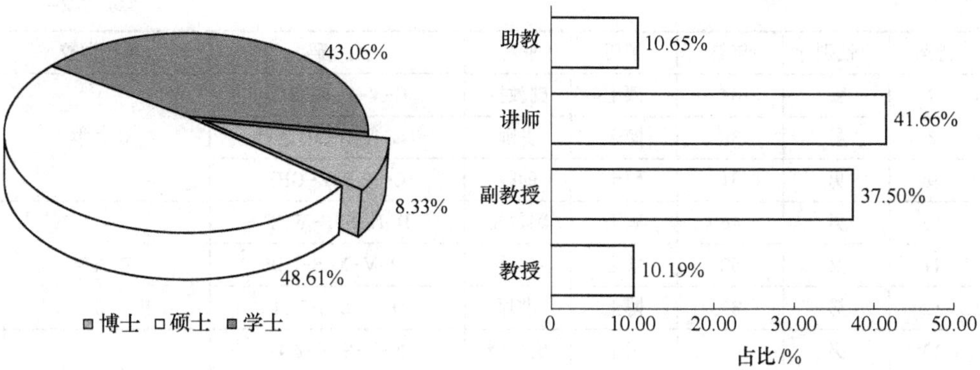

图 2-2　样本高校有效问卷体育教师的学历及职称情况

（二）访谈样本构成

在问卷调查的同时，笔者也设计了访谈提纲，就地方高校体育教师专业发展方面的相关问题，进行较为深入的了解。在访谈对象的选择方面，笔者采取了信息最大化原则，对预计信息含量更高的教师进行优先访谈。而访谈对象的选择则利用了滚雪球方式，因为对本单位教师的基本情况更为了解。因此，访谈首先从本单位的相关教师开始，随后通过笔者在其他四所高校的人脉关系，联系到这些学校的相关教师，在对这些教师初步访谈的基础上进行了甄选，最终每个学校选定 3 位教师作为访谈对象，共计 15 个深度访谈样本。

表 2-1 所示为访谈样本的基本情况。可以看出，访谈样本覆盖了从年轻到年老的所有年龄段，也覆盖了所有学历、职称的教师，在这些特征方面实现了全覆盖，这为访谈内容的可靠性提供了支持。在所有访谈样本中，男性教师 10 名，女性教师 5 名；学历方面，具有博士学位的教师 6 名，硕士学位教师 7 名，学士学位教师 2 名；职称方面，教授 2 名，副教授 6 名，讲师 5 名，助教 2 名。

表 2-1　访谈样本基本信息及编码

序号	性别	年龄	学历	职称	编　码	所在学校
1	男	36	博士	讲师	A-N-B-J-ZML	A 大学
2	男	38	硕士	副教授	A-N-S-F-WSH	
3	女	41	硕士	副教授	A-V-S-F-WF	
4	男	42	博士	副教授	B-N-B-F-TJM	B 大学
5	女	37	博士	讲师	B-V-B-J-LJH	
6	男	52	学士	教授	B-N-X-S-LD	

续表 2-1

序号	性别	年龄	学历	职称	编 码	所在学校
7	女	44	硕士	副教授	C-V-S-F-ZHY	C 大学
8	男	38	博士	讲师	C-N-B-J-LQS	
9	男	31	硕士	助教	C-N-S-Z-GHJ	
10	男	46	硕士	副教授	D-N-S-F-WHF	D 大学
11	女	52	学士	教授	D-V-X-S-HD	
12	男	33	博士	讲师	D-N-B-J-LYF	
13	男	47	硕士	副教授	E-N-S-F-ZGS	E 大学
14	男	36	博士	讲师	E-N-B-J-SL	
15	女	29	硕士	助教	E-V-S-Z-LHB	

注：编码规则为学校-性别-学历-职称-姓名。

对此 15 名教师均进行了深度访谈，时间均在半小时以上，且对个别重点对象进行了多次访谈。共计获得访谈录音时长 22 小时多，整理文字材料 18 万多字。除此之外，笔者还对所在大学部分学生（共计 25 人）进行了非结构式访谈，以了解一些相关的信息。文字材料最后导入 NVivo 10.0 中进行分析。

二、信效度检验

不同于理论思辨性的研究，实证性研究在调研资料的使用上，要注意第一手资料的代表性和真实性问题。只有具有代表性和真实性的第一手资料才能使得研究的结论是相对公正和客观的。因此，对实证性研究所获得的一手资料，进行信度和效度检验变得必要。在此需要明确信度和效度的概念，信度指测试结果的稳定性、可靠性和一致性。而效度则指所测量到的结果反映所想要考察内容的程度，测量结果与要考察的内容越吻合则效度越高；反之则效度越低。

（一）定量数据的信效度检验

定量数据的信度和效度检验有成法可依。在信度的检验方面，笔者采用了问卷内容的一致性检验。该方法旨在通过对问卷题目回答的内在一致性做出检验，一致性程度越高，则证明信度越高，问题题目越有意义。通常用到的信度分析有 Alpha 信度和分半信度两种，都是通过对不同的方法来计算信度系数，再对信度系数进行分析。信度系数介于 0~1 之间，系数越高，代表问卷题目的内在一致性越高，则其代表性越好。当问卷的 Alpha 系数大于 0.9 时，表示问卷的信度非常好；当系数介于 0.8~0.9 之间时，表示问卷的信度在可接受的范围之内；当系数介于 0.7~0.8 之间时，表示问卷中的某些题项可能要做出一些修改；而当系数低于 0.7 时，则表示问卷中的一些题项需要抛弃。根据这一原则，笔者利用

SPSS 软件对本研究的教师调查问卷进行了信度分析。依照本研究的主题，笔者将调查问卷的题项归入职业发展现状、职业发展机会、职业发展挑战三个维度，对这三个维度的题目进行了 Alpha 一致性检验。检验的结果：Alpha 系数分别为 0.866、0.813、0.851，表示该问卷的信度在可接受的范围之内。

在效度的检验方面，采用的方法较信度检验稍微复杂一些，但也是有成法可依。在数理统计中，因子分析中的 KMO 和 Bartlett 球形检验被认为是检验问卷效度的有效指标。因此，笔者利用 SPSS 软件对这两个指标进行了检验。

一般认为，在问卷效度的检验中，如果 KMO 值大于 0.60，说明因子分析的效度还可以，可以进行因子分析；如果 Bartlett 球形检验的 p 值小于 0.001，则说明因子的相关系数矩阵非单位矩阵，能够提取最少的因子同时又能解释大部分的方差，即效度可以。从检验结果可以看出，调查问卷三个维度的 KMO 值分别为 0.879、0.756、0.843，均大于 0.70，且 Bartlett 球形检验的 p 值都为 0.000 均小于 0.001，证明调查问卷的效度较高，能有效解释研究主要关注的问题。

（二）定性数据的信效度检验

“信度”和“效度”的概念最初来源于量化研究方法，是用来衡量研究结果可靠性和代表性的一组专业化概念，即研究结果是否反映了研究对象的真实情况。[①] 对于定性数据的信效度检验，通常是采用三角互证的方法。笔者在与访谈对象就某一问题进行交流之后，通常会就其他相关人员进行必要的征询，以求证访谈对象所提供内容的真实性程度。在本研究中，对于一些被研究者笔者比较熟悉，并且与几位被访谈者是多年的朋友，这是多年工作接触产生的结果。于是，在被研究者看来，研究者不是一名陌生人，但这种亲密关系的存在，同样需要研究者很好地把握分寸。与陌生人相比，研究者应该更为主动地进行反思，因为作为熟人时两者间会存在较多的了解，一些主观的前摄印象会直接影响研究的开展。因此，如何避免这些印象的影响，能够跳出友谊的情感框架而客观地看待被研究者，成为研究初期笔者所面临的一个难题。但通过三角互证的方法，笔者找到了解决这一问题的手段。

---

① 陈向明．质的研究方法与社会科学研究［M］．北京：教育科学出版社，2000：389.

第三章
地方高校体育教师专业发展的现实审视

地方高校与部属高校相比，在资源获得、人才建设等方面普遍处于劣势地位。部属高校能获得国家层面直接的教育投资，并且在其他教育资源（如教育政策、课题立项等）的获得方面也相较地方高校有具体明显的优势。但地方高校并不是处于完全劣势地位。依据省级财政能力的不同，地方高校所能获得的教育经费存在显著差异，并且在一些优势地区，地方高校对人才的吸引力也正在逐步走强，当然，这是以后发地区高校对人才的吸引力逐步减弱作为代价的。这是地方高校不得不面临的大环境：一方面，不能享受到部属高校般的经费和政策倾斜待遇；另一方面，也受限于不同省份的经济发展水平差异。在此大环境下，地方高校教师的专业发展，也呈现出不同于部属高校的明显特点，其教师的专业发展情况也深受这种大环境的规约。

本章依据此抽样数据，首先对地方高校体育教师的专业发展现状进行全景式扫描呈现，让读者能够了解当前地方高校体育教师的专业发展现状，并进一步分析地方高校体育教师在专业发展中面临的问题，在数理分析的基础上，总结呈现地方高校体育教师专业发展中面临的困顿和相应优势，为对地方高校体育教师专业发展面临问题进行归因研究，提供数理基础，并进一步为优化地方高校体育教师专业发展路径提供支持。

第一节　地方高校体育专业师资构成状况

在对地方高校体育教师的专业发展进行探究之前，首先需要明确地方高校体育专业的师资结构状况。因为师资结构状况在一定程度上深刻地影响着专业发展资源在教师群体中的配置，如某地方高校体育专业中老年教师过多，专业发展资源可能更多地被这些教师所占有，留给年轻教师的专业发展资源便非常有限了。反过来，地方高校中年轻教师的数量居多，则学院在资源的配置中必然充分考虑年轻教师专业发展的问题，在相关资源的配置上也会适当向年轻教师倾斜，进而有利于年轻教师的专业发展。因此，对师资构成状况的梳理，为我们后续了解地方高校体育教师专业发展的现状和困境，提供了前置说明。

一、地方高校体育教师队伍结构具有优势

根据教育部2014年教育统计数据显示，截止到2014年年底，全国普通高等学校专任教师共计153.45万人，[①] 与985、211[②] 等重点建设高校相比，地方高校的师资数量相对短缺，师资结构也不尽合理。正如吴丽萍的研究所认为的，在当前的地方高校中，建设一支具有“合理的职务结构、较高的学历结构、多元的学缘结构、均衡的年龄结构、相融的学科结构”的教师队伍，是其当前所面临的重要的发展目标。[③] 普遍来讲，高校师资队伍的结构与高校教师的群体专业发展、个体专业发展之间存在相互制约的关系，换言之，高校师资队伍的结构，是高校教师群体的专业发展水平，而师资队伍结构的优化，则代表着教师专业化水平的提升。但教师群体专业水平的提升还有赖于教师个体的专业水平提升，教师群体专业化是教师个体专业化的必然结果。在下面的文字中，笔者就H省五所高校体育专业师资结构的人口学特征进行简单地说明。

（一）教师数量：满足需求但校际存在差异

不论中小学还是高校，教师是学校教学质量的核心保障。要保障教学质量，不仅要求学校在师资质量上有一定高度，教师的数量多寡也至关重要。教师数量要以能够满足日常教学的需求为底线，在高校扩招的背景下，高校的师资数量也持续增多。生师比被看作是衡量高校师资数量是否能够满足教学需求的关键变量，生师比越大，单个教师所面对的学生越多，学校的教学压力越大。而与之相反，生师比越小，教师完成教学任务的压力便越小。当然，当前大学依然采用的是班级授课制，尤其是普通本科生的教学。因此，高校教学中，教师与学生依然是一对多的关系，囿于资源限制，高校的生师比也不可能过小。

适当的生师比是保证高校教学工作顺利开展的前提，同时也被认为是学校师资存量结构保持合理的重要变量。从全国高校的情况看，2014年全国普通高校的生师比是17.7：1。[④] 与全国高校的情况相比，五所样本地方高校的生师比情况存在一定差异，只有B大学和E大学的生师比情况与全国均值接近，其他三所地方高校（A大学、C大学、D大学）的生师比均明显大于全国的情况，其中C大学的生师比最高，达到20.7：1。可以认为，H省五所高校的生师比情况，A大学、C大学和D大学不够理想，尚需要招募更多的教师充实其师资队伍，以有

---

① 教育部.2014年全国教育事业发展统计公报［R］.http：//www.moe.edu.cn/srcsite/A03/s180/moe_633/201508/t20150811_199589.html，2015-07-30.

② 本书中出现的“985”“211”均为“985工程”大学和“211工程”大学简称.

③ 吴丽萍.对高校师资队伍建设几个新问题的思考［J］.高等教育研究，2007（21）：23~27.

④ 教育部.2014年全国教育事业发展统计公报［R］.http：//www.moe.edu.cn/srcsite/A03/s180/moe_633/201508/t20150811_199589.html，2015-07-30.

效完成学校的基本教学任务，同时也为本校师资结构的合理性配置留出空间（表 3-1）。

表 3-1 样本高校及其体育学院的生师比情况

样本高校	全校			体育学院		
	学生数	教师数	生师比	学生数	教师数	生师比
A 大学	23146	1198	19.3 : 1	413	88	4.7 : 1
B 大学	26235	1524	17.2 : 1	503	76	6.6 : 1
C 大学	42057	2030	20.7 : 1	624	126	5.0 : 1
D 大学	15102	776	19.5 : 1	436	51	8.5 : 1
E 大学	11086	635	17.5 : 1	417	42	9.9 : 1

但与全校的生师比情况不同，样本高校体育学院的生师比情况普遍低于全国总体情况。调查显示，H 省五所高校体育学院当前的生师比均在 10 : 1 以下，五所样本高校体育学院的生师比均值为 6.9 : 1。这反映出样本高校体育学院的师资存量是相对充裕的，这为其教师群体的专业发展和个体的专业发展，提供了空间（图 3-1）。

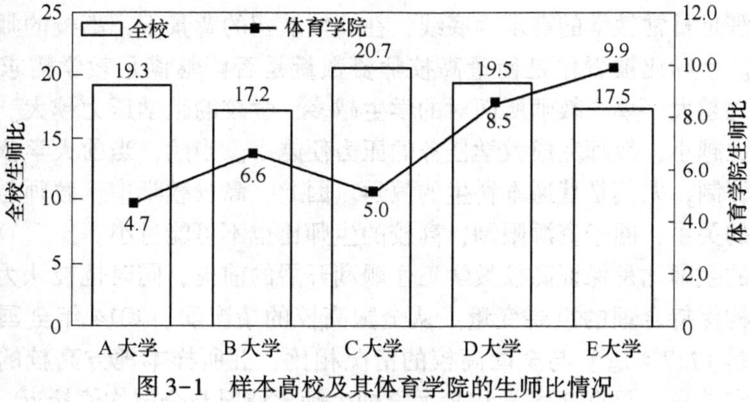

图 3-1 样本高校及其体育学院的生师比情况

（二）年龄结构：较为合理且具有一定优势

在一个共同体中，成员的年龄构成反映出多方面的信息。比如，年龄构成能反映出这个共同体的活力程度，在这个共同体中，年轻成员越多，通常也表达着这个共同体的活力也高一些，年轻成员正处于事业的上升期，他们有更多的激情和精力，也敢于拼搏，而这些特征是共同体是否具有活力的重要体现，也是这个共同体的魅力所在。相反，如果一个共同体中成员的年龄普遍较大，则往往表达着这个共同体是相对比较沉稳的，由于成员均是年龄较大者，他们普遍具有丰富的人生阅历，在面对外部环境时，普遍会表现出比年轻群体更保守的作风，对外界的变化通常难以适应。因此，就会缺乏足够的动力，也会错失不少机会。但好处是，这样一个共同体相对稳健，不冒进。在经历过生命的大半个历程之后，共同体成员已经获得了足够稳定的生活，有着相较年轻人而言更多的收入。因此，在面对机会时，冒险前进不会成为他们的优先选择，守成才是普遍的趋向。

再如，年龄构成反映出这个共同体的结构合理性程度。一般而言，一个共同体要持续发展，其成员的年龄构成必然要趋于合理，合理的年龄构成应该是菱形结构的，年老成员和年轻成员均相对较少，而青壮年成员占据大多数比例。只有这样的年龄构成，这个共同体才能既保持一定的活力（年轻成员有更多的拼搏精神和冲劲），也能够保持相对的稳重（年老成员用更为丰富的生活经验做出更理性的决定），同时也有一大批既有一定活力又不乏稳重的青壮年成员可供使用，这是一个理想的年龄结构模式。地方高校作为一个共同体，教师的年龄构成只有趋于这样的结构，才能更有利于整个高校或学科的发展。

笔者的调查显示，H 省五所样本地方高校体育学院教师的年龄结构（表 3-2），总体趋于合理，即年龄构成总体形成菱形结构。用折线图表示，则呈倒 U 形结构。年轻教师和年老教师均占据相对较小比例，而青壮年教师占据大部分比例。总体而言，在这五所高校中，只有 C 大学体育学院教师的年龄结构不呈倒 U 形曲线，这与 C 大学体育学院近几年大力招聘新教师有关。

表 3-2　样本高校体育教师年龄结构

样本高校	35 岁及以下/%	36~45 岁/%	46~55 岁/%	55 岁以上/%	总 数
A 大学	25.6	39.4	26.3	8.7	88
B 大学	23.4	41.2	21.6	13.8	76
C 大学	36.8	25.4	23.6	14.2	126
D 大学	21.9	36.7	32.7	8.7	51
E 大学	14.3	31.8	46.6	7.3	42

据笔者了解，C 大学为了发展传统体育项目，近三年每年都会招聘若干名新近毕业的博士生和硕士生进入师资队伍，以增强相关体育项目的实力。这一措施显著地改变了 C 大学体育学院师资的年龄结构。

除此之外，其他四所地方高校的教师年龄结构，均呈现出比较合理的趋向。年龄在 35 岁及以下的教师所占比例基本均在 25.0%以下，同时，年龄在 55 岁以上的老龄教师所占的比例也大都在 10.0%以下（B、C 大学体育学院除外）。而 36~55 岁的教师所占比例达到了 65.0%以上，师资构成以青壮年为主，既具有一定的活力，同时也不乏稳重。从教师群体和个体专业发展的角度而言具有一定的优势（图 3-2）。

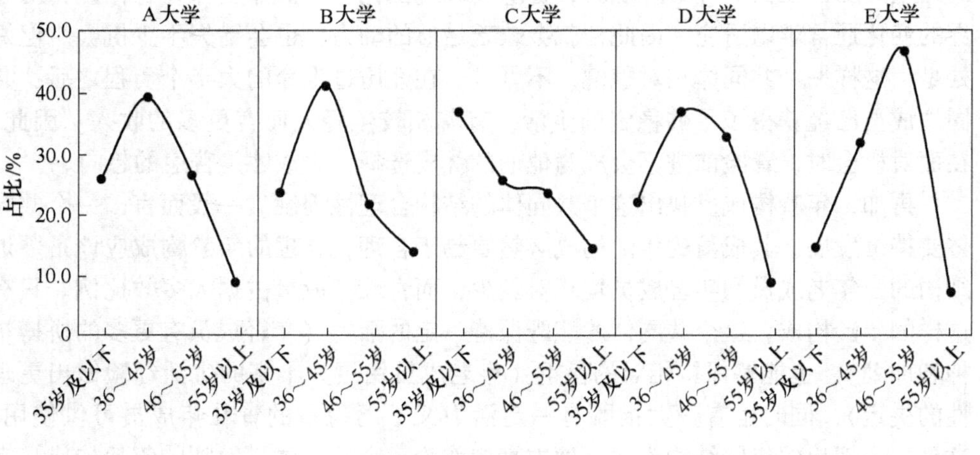

图 3-2　样本高校体育教师年龄结构

（三）性别结构：男性教师占绝对主导地位

由于先天性差异和后天社会分工性差异，男性和女性在日常生活和工作中的分工重点是存在差异的。按照传统的观点，女性主内而男性主外，女性会将更多的时间和精力花费在照顾家庭生活中，与之对应，其花费在工作上的时间和精力也相应地会减少了。尽管已经进入现代社会，但男主外女主内这一模式并未发生根本性改变。在当前的中国社会，女性参加工作的比例与男性的差异越来越小，大部分女性都会期待拥有自己的一份工作，但女性在工作的同时，照顾家庭一直是其重要的关注内容。因此，其必然不能将更多的经历投入到工作之中来，这对于单位的整体发展，以及女性个体的专业发展都会产生影响。尤其是在女性成立家庭并拥有了自己的下一代后，时间和精力在工作和家庭中的分配不均衡现象会更加明显地表现出来。

当然，我们并不能说这种影响是消极的，但至少，因为不能花费更多精力用于工作，其影响至少不会是积极的。而男性由于生理特点和后天分工的不同，他们通常的主要责任是工作养家，会将更多的精力用于工作之中，这对单位的整体发展和自己专业发展都具有潜在的积极影响。因此，在一个单位之中，男女性的比例关系是一个十分要紧的变量，如果比例失衡严重，对单位的各项工作开展均会产生不利影响。

笔者的调查显示，H 省五所地方高校体育学院中，男性教师的比例远高于女性教师，呈现显著的“阳盛阴衰”的现象（表 3-3）。在这五所高校中，男性教师的比例普遍在 70%以上（A 大学接近 70%，为 69.3%），女性教师的比例普遍在 30%以下（A 大学接近 30%，为 30.7%），从总体比例来看，男性教师所占比例超过70.0%，女性只占不足30.0%。这样结构的师资团队，从理论上讲是有利于单位和个体教师的总体发展的，因为男性教师居多，这样的教师团队能将更多的时间和精力用于工作之中，有利于单位的学科建设发展以及个体的专业成长发展。但女性教师比例过低，也存在一定的风险。高校体育专业并不完全是追求阳刚之气与进取精神的场所，其日常工作中依然需要进行不同的分工，一些专业的日常教学和科研需要女性教职员工的深度参与才能表现得更好，比如本科教学中的健美操教学等，可能女性教师更为适合，也会更受学生欢迎。

表3-3 样本高校体育教师性别结构

样本高校	男性教师		女性教师		总数
	数量	占比/%	数量	占比/%	
A大学	61	69.3	27	30.7	88
B大学	55	72.4	21	27.6	76
C大学	94	74.6	32	25.4	126
D大学	38	74.5	13	25.5	51
E大学	30	71.4	12	28.6	42
总计	278	72.6	105	27.4	383

同时，由于男女性在思维方式上的系统性差异，对于学科建设的思考和课题的研究，女性教师往往能够提供不同于男性教师的见解，这种多元化的见解也是学科发展所必需的。但如果女性教师所占比例过少，则这一切的实现便充满困难。但就笔者所调研的这五所地方高校而言，女性教师的比例尚在可接受范围内，虽然低于男性教师比例，但并不是走向了极端值。因此可认为，样本高校体育教师的性别结构，是相对比较合理的（图3-3）。

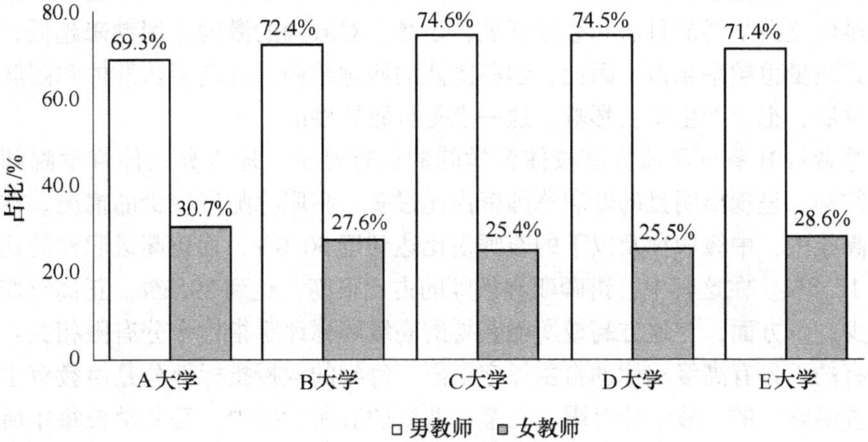

图3-3 样本高校体育教师性别结构

二、地方高校体育教师专业结构不尽合理

在了解完样本高校体育教师的人口学结构后，我们需要对其师资的专业结构进行必要的扫描。从教师群体和个体的专业发展角度言，教师的职业性特征对其的影响较人口学特征的影响更大，职业性特征往往决定着教师专业发展的起点、专业发展的机会，以及可预期的专业发展成效等。但在笔者对样本高校进行调研后发现，地方高校体育教师的专业结构不尽合理，主要表现在与教师的专业发展息息相关的职称、学历和学科等三个方面。

（一）职称结构：低职称教师偏多

职称结构是一个学科团队质量状况的直观反映。总体而言，在一个学科团队中，高职称师资较多，证明这个学科团队是相对成熟的团队，一般也会认为这个团队有较强的科研能力。在当前以科研为主导的大学评价体系中，高职称教师占比较高团队更具有竞争性优势，不论从课题的申报、论文的撰写，以及日常的教学工作开展等方面均占有优势。我们普遍认为，在地方性高校，学校所能给予各个学院的教育资源（包括财政性经费、科研经费等）是相对有限的，而资源的配置是竞争性的，高质量团队能竞争获得的资源会更多，而低质量团队所能获得的资源要少很多。因此，在高校内部不同学科之间，由于师资职称结构的不同，在教育资源的获得方面存在明显的马太效应：强的团队能获得的资源越来越多，进一步推动了学科的良性建设，其在科研和教学上的成效也越来越好，这进一步增大了其在教育资源获得上的筹码，其能获得的教育资源也会更多，这是一个良性的循环；而对于低质量团队而言，则完全相反，会形成一个越来越低质量的恶性循环。高质量的师资越少，在科研和教学上的成效相对较差，这进一步减低了其在教育资源竞争中的筹码，所能获得的教育资源越来越少，越来越少的教育经费，难以支撑学科的科研和教学开展，于是，对教师的激励作用越来越低，教师的教育质量也越来越差。因此，学科团队的职称结构，对其团队群体和团队内个体的发展，也会产生重要影响，这一点是毋庸置疑的。

笔者对H省五所地方高校体育学院的调查显示，地方高校体育学院师资的职称结构，呈现出明显的低职称师资占比过多，高职称师资较少的情况。在五所样本高校中，中级职称及以下的教师占比达到近50.0%，而正高级职称的比例则只有12.8%。在这其中，讲师职称教师的占比很高，达到39.2%。正高级职称教师较少，一方面，与地方高校所能获得的高级职称评定指标十分有限相关，地方高校有的不具有高级职称的自主评定权限，每年的教授指标部分是由教育主管部门配置给学校的，故十分有限。在笔者调研的五所学校中，每所学校每年所获得的教授指标普遍不超过十个，而每年申请教授职称的人数又远远高于这个数字。

因此，这就造成非常激烈的竞争态势，各学院不一定每年都能争取到这个名额。另一方面，是与地方高校师资的普遍质量有关，既然教授是一种学术职称，那么必然要求有一定的学术成就做支撑，而之所以地方高校的教师难以评上教授，与其学术水平有很大关系。相对较低的学术水平，让即便是有教授指标，但仍然在学术指标上不达标的情况普遍存在。达到教授评定条件的教师较少，教育主管部门给每个学校配置的名额也少，由此造成地方高校中正高级职称教师的比例偏低的问题（见表 3-4）。

表 3-4　样本高校体育学院教师职称结构

样本高校	助教		讲师		副教授		教授		合计
	数量	占比/%	数量	占比/%	数量	占比/%	数量	占比/%	
A 大学	8	9.1	47	53.4	24	27.3	9	10.2	88
B 大学	2	2.6	36	47.4	32	42.1	6	7.9	76
C 大学	11	8.7	44	34.9	53	42.1	18	14.3	126
D 大学	10	19.6	15	29.4	14	27.5	12	23.5	51
E 大学	5	11.9	8	19.0	25	59.5	4	9.5	42
总体	36	9.4	150	39.2	148	38.6	49	12.8	383

地方高校体育教师职称结构中高职称师资偏少，除教育主管部门的名额控制和教师的学术水平相对较低外，还有一个重要的影响因素，即教师的年龄。普遍而言，教师的年龄和职称之间呈现显著的正相关，随着年龄的增长，教师的职称也会从低级向高级进阶。地方高校之所以高职称教师偏少，与地方高校师资的年轻教师比例较大有一定关联。年轻教师在刚进入高校时，通常都是从初级职称做起，逐步进阶到高职称。

笔者调查发现，在 35 岁及以下的教师中，初级和中级职称教师所占比例最高，随着年龄的增长，初中级职称教师比例逐步下降，而高级职称教师的比例逐渐增多，在 55 岁以上教师的职称结构中，教授职称的比例高达 74.1%，即是说，在样本高校体育学院中，55 岁以上教师中已是教授的占四分之三。高职称集中在高年龄段，这符合我们的常识，但也暴露出地方高校中可能存在的一个隐含性问题：在地方高校中，论资排辈的情况可能普遍存在，职称的评定可能并不完全聚焦于教师的学术能力，而是与其进入该校的年限有着重要但隐含的关联。教师进入该校（学院）时间越长，其在该单位建构的社会资本越丰厚，这有利于其利用社会资本获得更高的职称，而年轻教师由于加入时间较短，其在该单位的社会资本尚处于原始积累时期，即便其学术成就较好，但往往可能面临不公正的评判。这并非笔者的想象，在后面的展开论述中，教师的亲口述说印证了笔者的假设（见图 3-4）。

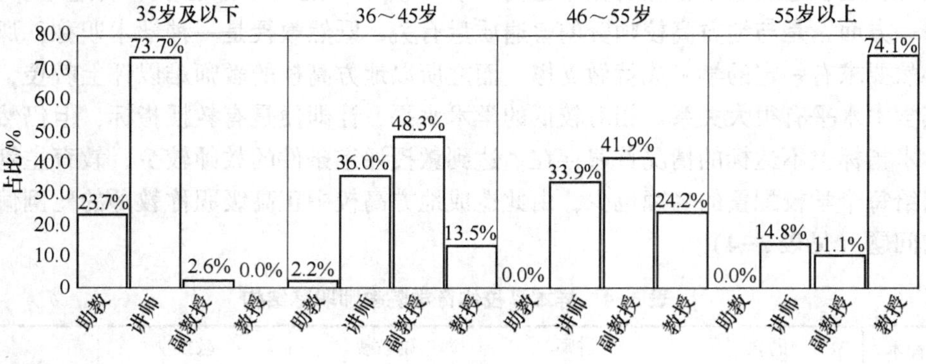

图 3-4　样本高校体育学院不同年龄教师职称分布

（二）学历结构：高学历教师偏少

学历是衡量某个学科团队研究能力的最核心指标之一。对高校教师而言，学历往往被看成教师的能力表达。高学历教师并不必然有高的科研能力，但低学历教师通常很难有高的科研水平。对一个学科团队而言，团队成员总体的学历程度越高，则越是利好的。在高校扩招之后，学历的贬值速度也有所加快，高校中的高学历师资比例越来越高。但由于历史遗留问题，当前我国高校，尤其是地方高校中，低学历师资依然普遍存在，教师的学历结构呈现出不均衡的状态。体育学科的情况可能更加不够乐观，由于长期以来体育方面高层次人才培养机构相对较少（近年来这种情况大为改善，较多高校具有了培养体育方向的博士点），高层次体育人才一直比较缺乏，导致很多地方院校在新进师资中不得不选择更低层次的体育人才，因而造就如今高层次人才相对不足的局面。

笔者的调查显示，在五所样本高校的体育学院，拥有博士学位的教师所占比例只有 6.5%，在这些学院中占据绝对比例的是拥有硕士学位的教师，其所占有的比例超过五成。另外，由于历史原因，尚有近40%的教师只拥有学士学位（见表 3-5）。如此的师资学历结构，显然是需要进一步提升的。与 985、211 等重点院校相比，地方高校体育学院师资的学历水平明显更低。近年来，地方高校的体育学院在引进高层次人才方面动作频繁，在年轻教师的引进条件中，拥有博士学位几乎成为一条贯穿的基准线，但实际成功引进情况并不乐观。图 3-5 所示为样本高校不同年龄段师资的学历情况，可以发现，拥有博士学位的 35 岁及以下的师资，占拥有博士学位的教师总数比例为 24%，而随着年龄提升，拥有博士学位的教师比例有所提升，36～45 岁、46～55 岁教师中拥有博士学位的比例分别为 48.0%和 20.0%，但在 55 岁以上教师中，拥有博士学位的只占 8.0%，与之对应，这一年龄段教师中只拥有学士学位的比例却高达 21.7%。

表 3-5　样本高校体育教师学历结构

样本高校	学士		硕士		博士		合计
	数量	占比/%	数量	占比/%	数量	占比/%	
A 大学	46	52.3	41	46.6	1	1.1	88
B 大学	37	48.7	36	47.4	3	3.9	76
C 大学	54	42.9	61	48.4	11	8.7	126
D 大学	8	15.7	36	70.6	7	13.7	51
E 大学	21	50.0	18	42.9	3	7.1	42
总体	166	43.3	192	50.1	25	6.5	383

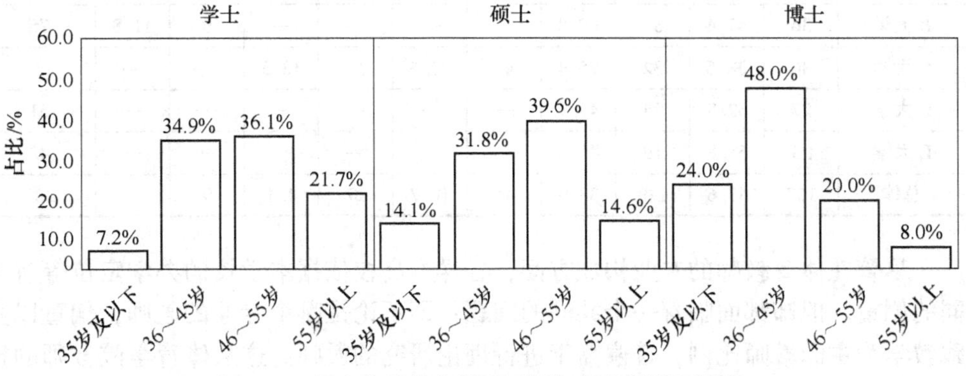

图 3-5　样本高校体育学院不同年龄教师学历情况

造成这一现象的原因，除前文所说的历史遗留原因之外，与近年来大力招聘拥有博士学位的体育人才是有关联的。笔者认为，要促进地方高校体育学院教师的群体和个体专业更好、更快地发展，进一步增大高层次人才引进力度是必要的。但这一建议能否得到有效执行则受多方面因素的影响，包括事业编制有无、教育经费宽松与否，也包括学校所在地和学校本身对高层次人才的吸引力问题等。

（三）专业结构：理论与实践失调

从学科专业划分的角度，高校体育专业大致可以划分为四个子专业，分别是体育人文社会学、运动人体科学、体育教育训练学，以及民族传统体育学。依据每个学校体育学院的定位和发展状况，对这四个专业的侧重点也各有不同。

笔者对五所样本高校的调查显示，五所样本学校均开设了体育教育与社会体育两个本科专业，但只有 C 大学开设了运动训练和民族传统体育专业，另外 B 大学还开设了体育英语信息技术专业。表 3-6 所示为五所样本高校的体育教师专业分布情况，C 大学之所以开设体育训练学专业，这与其体育学院的办学定位有莫大关系：C 大学为师范类院校，重点在于培养体育类师范生，师资在这一专业上的倾斜属于正常情况。在民族传统体育学方面，只有C大学开设，并且其师资比例只占13.5%，这是C大学以民族体育为特色的发展理念下的必然结果，C大学在民族传统体育（如武术等）方面有着历史积累优势。21世纪以来，C大学加强了在此方面的学科建设，使得民族传统体育成为C大学的一个特色专业。当然，要建立、保持和扩大知名度，足够数量的此专业师资是必不可少的（见表3-6）。

表3-6 样本高校体育学院教师的专业人数分布

样本高校	体育教育		社会体育		运动训练		民族传统体育		体育英语、信息技术		合计
	数量	占比/%	数量	占比/%	数量	占比/%	数量	占比/%	数量	占比/%	
A大学	45	51.1	43	48.9	—	—	—	—	—	—	88
B大学	36	47.4	31	40.8	—	—	—	—	9	11.8	76
C大学	36	28.6	32	25.4	41	32.5	17	13.5	—	—	126
D大学	27	52.9	24	47.1	—	—	—	—	—	—	51
E大学	23	54.8	19	45.2	—	—	—	—	—	—	42
总体	167	43.6	149	38.9	41	10.7	17	4.4	9	2.4	383

尽管在体育教师的专业构成方面，各样本高校依据本学校的办学定位等有不同的侧重。但却都面临着一个共同的问题：即不论是哪个专业的教师，偏重以实践教学为主的教师比例，普遍高于进行理论研究的教师。这从体育学院教师的授课内容中能管窥一二。图3-6所示为样本高校体育学院教师的授课类别，可以发现，讲授术科的教师比例远高于体育理论课的教师，当然这与学院的具体课程安排有密切关系。但即便如此，也能反映出学院的体育教学中，术科课程的安排比例远高于理论课程。间接地也说明，术科实践教学为当前地方高校体育教师的相对主流方向，而对理论教学则相对重视不足，这也在一定程度上强化了体育学院对术科师资较理论师资更多的重视。当然这种情况生发的原因，有着一个更为宏大的背景：不论是重点高校还是地方普通院校，也不论是高校中的何种专业，均

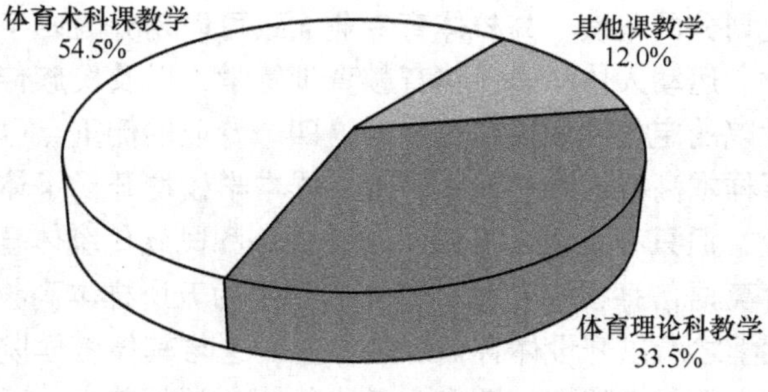

图3-6 样本高校体育教师的授课类别

将科研视为发展的重点内容，而往往轻视日常的教学工作，从而促生地方高校体育师资的重实践而轻理论的现状（见图3-6）。

第二节　地方高校体育教师专业知识发展审视

按照当前社会的职业划分标准，教师职业被认为是专业性职业的一种，因此教师的专业化发展也称为个体从业的重要内容。从定义的角度看，教师的专业发展，是指教师内在的专业结构不断更新、演进与丰富，逐渐成长为专业人员的过程。教师的专业发展主要包含了教师专业知识的累积与更新，专业技能的掌握与运用，以及专业情感的培养与生发等方面内容。此三个方面在教师的专业发展中相互联系，相互促进并有机融为一体。在这其中，专业知识和专业技能是教师专业发展的基础，而专业情感则是教师专业发展的内在动力。在当前的地方高校中，不同学科门类教师的专业发展问题，被学界和实践界普遍探讨。但就地方高校体育教师而言，对其专业发展的探讨更多基于理论性的架构，如对教师专业发展理论的应然探讨，对教师专业发展评价体系建构的探索等，而对地方高校体育教师专业发展的实然探讨略显不足。

笔者基于H省五所地方高校的实证调研，对这一问题进行了必要的回应。

从定义上看，不同的学者对教师的专业知识有不同的界定。林崇德、申继亮将教师的专业知识划分为四类，分别是本体性知识、条件性知识、实践性知识和文化知识。本体性知识，指教师所具有的特定的学科知识；条件性知识，指教师所具有的教育学和心理学知识；实践性知识，指教师在实现有目的的教学行为中所具有的课堂情境知识以及与之相关的知识，或者更具体地说，这种知识是教师教学经验的积累；文化知识指教师的与本体性知识相关的知识储备。①

而叶澜教授等则将教师的专业知识划分为三个层面：最基础的层面是指当代科学和人文两方面的基础知识，以及工具性学科的扎实基础和数量运用的技能技巧；第二个层面，是指具备一至两门学科的专门性知识和技能，由学习者本人根据兴趣和能力进行选择，这部分知识被视为是教师胜任教学工作的基础性知识；第三层面是指教育学科类知识，主要由帮助教师认识教育对象、教育教学活动和发展教育研究的专门性知识构成。这三个层面的知识相互支撑、渗透并有机地整合在一起。②

根据以上的相关定义，本研究在对地方高校体育教师专业知识的规定，主要包含三个方面内容：一是体育学科的专业性知识，作为教师从教的基础性知识；

---

① 林崇德，申继亮．大学生心理健康读本［M］．北京：教育科学出版社，2005：216~218.

② 叶澜，白益民，王枬．教师角色与教师发展新探［M］．北京：教育科学出版社，2001：103~105.

二是教育学科类知识，教育学、心理学等基础学科的知识掌握，对教师的从教有深远影响；三是职业道德和政策法规的相关知识，这是高校体育教师能够顺利、有效从教的保障性知识。在对 H 省五所地方高校体育教师的调查过程中，笔者发现体育教师在专业知识的发展中，存在以下五个方面的问题。

一、高等教育基本理论知识学习参差不齐

作为地方高校的专业人员，教学与科研是当前压在几乎所有大学教师头上的两座大山。对于科研的压力，在后文笔者会进行详细的分析。在教学方面，就笔者所调查的五所地方高校而言，这些学校的体育教师，通常也面临着较大的压力。我们都知道，要作为一名专业人员从事教学，必要的教学基本理论知识是必须要具备的，相应地，作为大学的专任教师，其对于高等教育基本理论知识的学习也称为“必须”。但就笔者所了解的情况而言，地方高校体育教师对高等教育基本理论知识的学习表现得参差不齐，有些高校对高等教育基本理论知识的学习相对较为重视，在教师入职之后会进行一段时间的相关培训，并作为其从事高校教学的基本前提条件，在这些高校，新入职教师均会进行系统的高校理论知识学习并考核合格，才能进入一线的教学之中。

但对于另一些高校，情况则要简单得多。所谓高校教育基本理论的培训，往往在教师看来是“走过场”，要达到考核标准往往缺少必要的门槛。但不论如何，作为一项基本的规定，在笔者调查的所有五所地方高校中，教师入职后参加相关培训都是确切的。表 3-7 所示为五所地方高校体育教师入职时参加高校教育理论培训的情况，绝大部分教师（86.6%）参加过高校教育理论的培训。表中有部分教师未参加相关培训，经笔者进一步分析发现，这些教师为年龄较大教师，年龄均在 50 岁以上，在之前的环境下，新教工入职不进行相关培训是正常情况，在近年来入职培训成为一项硬性规定了。还有一部分教师“记不清了”，普遍是由于入职时间较长，记忆模糊造成（见表 3-7）。

表 3-7 样本高校体育教师入职时参加高校教育理论培训情况

样本高校	参加培训		没参加培训		记不清了		总体卡方检验
	数量	占比/%	数量	占比/%	数量	占比/%	
A 大学	30	85.7	3	8.6	2	5.7	$N=216$, $\chi^2=266.08$, $p<0.01$
B 大学	32	76.2	6	14.3	4	9.5	
C 大学	67	95.7	0	0.0	3	4.3	
D 大学	37	77.1	7	14.6	4	8.3	
E 大学	19	90.6	1	4.8	1	4.8	
总体	185	86.6	17	6.9	14	6.5	

参加相关培训，并不代表着这种培训是系统的，其培训结果是良好的。因此，还需要进一步探究这种培训的系统性和结果如何。在对于教师是否系统性地学习过高校教育理论相关内容的问答，却显示出不尽如人意的情况。在调查体育教师是否系统地学习过高校教育基本理论知识时，只有一半的教师回答系统学习过，有6.9%的教师回答完全没有学习过。笔者从年龄的角度进行了分析，结果发现，年轻教师系统学习过高校基本教育理论的比例，远高于年老教师，这与我们的预期是符合的，并且表现出一定的趋向：随着教师年龄的增大，系统性地参加过高校教育理论培训的教师比例逐渐减少，而片段性学习过的比例逐步上升（见表3-8）。

表3-8 样本高校不同年龄体育教师参加高校教育理论培训的系统性情况

年龄	系统性地学过		片段性地学过		完全没学过		总体卡方检验
	数量	占比/%	数量	占比/%	数量	占比/%	
35岁及以下	26	68.4	8	21.1	4	10.5	$N=216$，$\chi^2=71.36$，$p<0.01$
36~45岁	56	62.9	25	28.1	8	9.0	
46~55岁	31	50.0	25	40.3	6	9.7	
55岁以上	9	33.3	14	51.9	4	14.8	
总体	112	51.9	89	41.2	15	6.9	

笔者想进一步了解高校体育教师是如何进行教育理论学习的，于是，对教师的学习方式进行了分析。依然还是采用年龄分组的方式，试图探究在年龄之间是否存在这种系统性的差异。调查的结果表明，高校体育教师在学习教育理论上的方式，是存在显著差异的，卡方值为113.10，$p<0.01$，达到非常显著水平。在所有学习方式中，高校组织的入职培训是最主要的学习方式，有56.9%的教师是通过入职时高校组织的教育理论培训来学习相关知识的，远高于“通过上学时的课程”的比例。而更为引人注意的是，教师自学高校基本教育理论的比例严重偏低，只有10.0%的教师自学了相关内容，这从一定程度上说明，当前高校体育教师对高等教育理论相关内容的学习，缺乏内在的驱动力和学习热情，是值得注意的事情（见表3-9）。

表3-9 样本高校不同年龄体育教师学习高校基本教育理论的途径情况 （%）

年龄	通过上学时的课程	自学	当前学校组织学习	没学过	卡方检验
35岁及以下	31.6	10.5	47.4	10.5	$N=216$，$\chi^2=113.10$，$p<0.01$
36~45岁	29.2	3.4	66.3	1.1	
46~55岁	24.2	11.3	54.8	9.7	
55岁以上	11.1	14.8	59.3	14.8	
总体	24.0	10.0	56.9	9.1	

总而言之，在所调查的五所地方高校中，体育教师对教育基本理论知识的学习，总体处于相对较低水平，并且在不同学校间存在显著差异。C大学和D大学作为师范类院校，教师的高校基本教育理论学习水平，相对较高一些。除此之外，大部分高校的体育教师，对高校基本教育理论的学习水平都不高，并且体育教师对这种理论学习的热情普遍较低，缺乏必要的内在动力。这需要引起学校、学院层面的应有重视。

从访谈中看出，不同层次的高校体育教师，对于是否参与职后教育理论知识方面培训，普遍持肯定态度，他们在选择参加何种职后教育形式的时候，也表现出较高的一致性，在调查选项中，被选择的前三位选项普遍趋向于在职在岗的同时，利用业余时间参加职后教育理论知识培训，对于这种普遍一致的认同形成原因，本研究认为，这与多年以来全国高校的迅速扩招，体育健康逐渐受到国家重视，体育教师课程负担、科研负担、训练负担增大有直接关系。面对较重的工作负担和压力，面对“一个萝卜一个坑”的现实状况，体育教师主观上和客观上，都无法完全离职参与更加系统的培训。因此，更加灵活的短期在职、职后培训成为体育教师的普遍选择。

当前，随着教育改革的不断深入，高校高素质教师队伍建设不断向前推进，使高校体育教师在人事制度的调整、职称评定、评优等方面都面临着不小的现实压力，促使他们必须通过不断地学习补充和丰富基础知识和技能，提高自身职业素养。在此基础上，考虑到繁忙的工作安排，以及离职参与职后教育可能带来的经济损失，在一边工作一边利用业余时间参加职后教育和完全离职参加职后教育两种选择中，前者成为各层次专家、领导以及普通教师更加青睐的选择。在本研究中，教师在参与职后教育理论知识培训过程中所面对的主要问题，被各层次教师选为前两位的普遍都有“影响正常教学工作”这一重要因素。这一结论有力地证明了本研究的观点。

从体育教师参加职后教育理论知识培训的驱动因素的共通性上，笔者认为，随着教育制度改革和高校聘任制度的深入，体育教师对于自身学识水平、实践能力、学术水平和学历水平的提高有迫切的需求，高校高水平教师队伍建设要求当前教师必须具备全面的素质，同时，现代教育制度也为年轻教师提供了更多的、更透明的晋升渠道，这也为教师参加职后教育提供了内在和外在的理由。①

二、职业素养及政策法规知识的学习不足

作为专业性人员，职业素养相关知识的学习显得十分重要。尤其是高校教

① 一个大学基于国家大学制度总要求的基础上，自身也要根据实际情况，建立公正公平的各种大学制度，尤其是大学教师的职称评聘制度。公平的大学制度文化的建立，对于整个教师队伍的健康成长是至关重要的。

师，其承担着为国家输送人才的重任，其职业素养的高低，对人才培养的质量具有深远意义。另外，作为社会之中的组织实体，从1953年我国颁布《高等学校教师进修暂行办法》，再到1985年国家教委领导下建立了三级高校教师培训网络组织体系，再到20世纪90年代中后期陆续颁布的《高等学校教师培训工作规程》和《高等学校教师岗前培训暂行细则》，以及《中华人民共和国高等教育法》《高等教育法》等，对高校教师的职后专业发展产生了广泛的影响力，为高校体育教师职后教育，给予了制度上的重要保障和政策上的促动作用。因此，对职业素养和高校政策法规相关内容的学习，是每个高校体育教师又必须完成的任务。

但现实的情况不容乐观，地方高校教师对职业素养和相关政策法规内容的学习严重不足。在职业素养内容的学习方面，就笔者所调查的情况看，地方高校对本校体育教师在职业素养方面的培养，十分松散且缺乏系统性，这一点在笔者所调查的五所地方高校中，具有很高的一致性，即地方高校普遍不够重视体育教师职业素养相关内容的培养。

在一项关于职业素养的问卷题目中，笔者询问了高校体育教师参加学校组织的职业道德学习情况。从培养情况的维度看，存在显著的差异（$\chi^2=172.08$，$p<0.01$）。大部分（61.5%）体育教师报告学校组织过一两次职业道德相关的培训课程，但也有超过三成（32.7%）的教师报告学校完全没有组织过相关培训课程。在另一端，情况则更不乐观，没有教师报告说学校“经常组织”此类活动，而报告组织过较多次的教师，其比例也仅有5.8%。这说明地方高校在体育教师职业素养方面的重视程度严重不足，亟须加强（见表3-10）。

表3-10　样本高校体育教师参加职业道德培养情况　（%）

样本高校	完全没有	一两次	较多次	经常组织	卡方检验
A大学	31.5	65.3	3.2	0.0	$N=216$，$\chi^2=172.08$，$p<0.01$
B大学	32.9	58.6	8.5	0.0	
C大学	32.3	63.8	3.9	0.0	
D大学	29.4	65.9	4.7	0.0	
E大学	37.3	54.1	8.6	0.0	
总体	32.7	61.5	5.8	0.0	

参加培训与培训的效果如何，是完全不同的概念。并且在当前的培训语境下，参加培训的效果普遍是存疑的。因此，笔者询问了样本高校体育教师对职业素养相关培训的实效性问题，这是一个很主观的问题，不同教师对此会有不同的解读，但对总体样本的数据化解读还是有意义的，这能从总体上反映出当前高校体育教师职业素养培训的实效性现状。

调查发现，样本高校体育教师对职业素养培训的实效性问题总体认同度较低，认为培训效果好的教师只有不足15.0%（“很好”与“较好”合计），而认为效果差的比例则高达65.0%（“较差”与“很差”合计）。这反映出当前高校在教师职业素养方面培训的实效性应该有所加强。表3-11所示为不同学历教师对职业素养培训效果的主观认知情况，在这个表中，我们可以发现一个规律性内容：随着学历的升高，教师对职业素养培训效果持积极态度的比例越高，尽管这种比例依然保持在一个很低的水平。与之相应，随着学历的升高，体育教师对职业素养培训效果持消极态度的比例逐渐降低，但依然总体维持在一个相对较高的水平。对于这一问题的解释，笔者认为，可能是由于学历不同的教师对职业素养的认知程度不同造成的，高学历教师更能够注重到培训的内容而非形式，对内容的认同度更高一些。因此，提升了他们对职业素养培训的好感度。但这一问题的深入解释，尚待进一步的探究，笔者在此不做过多深入的探讨。

表3-11　样本高校不同学历体育教师对职业素养培训效果的主观评价情况（%）

学历	效果很好	效果较好	效果较差	效果很差	没参加培训	卡方检验
学士	3.6	5.4	28.8	35.9	26.3	$N=216$, $\chi^2=115.03$, $p<0.01$
硕士	6.5	8.3	19.8	46.5	18.9	
博士	9.1	10.6	16.2	47.8	16.3	
总体	6.4	8.1	21.6	43.4	20.5	

在政策法规的学习方面，高校肩负有为学校教师进行基本的高等教育法规普及的任务。一般而言，在新教师入职之时，对教师进行必要的普及性培训是有必要的。另外，也可将教师对相关法规的了解，作为考核的一个重要内容实施，以促进高校体育教师能够对相关法律和学校规定铭记于心，谨防以后出现的可能性问题。但调查发现，地方高校在法律规定的普及方面做得远远不够。

调查显示（表3-12），样本高校对体育教师在相关法律规定方面的培训情况不甚理想，在216名样本体育教师中，报告称学校对其进行“高等教育相关法律”培训的比例只有一成多（11.7%），总体比例过低。而对“高等教育相关政策”进行培训的比例，也不足两成（17.7%），这说明，高校在对体育教师进行高等教育政策法规普及性培训的程度严重不足，在此方面还需要加强。与高等教育政策法规培训的不理想情况相比，高校普遍看重对教师进行学校相关规定的培训，这一点是可以理解的，毕竟教师是学校的教师，在学校中工作与生活，对本校相关政策和规定的了解是十分紧要的。调查显示，有接近一半（48.4%）的体育教师，报告学校对其进行了学校相关政策的培训。当然，还有接近一半的教师没有学习过任何的法律规定，即是说，相当部分的高校体育教师，是没有经过政策法规的培训的。地方高校体育教师的政策法规知识学习尚待进一步加强。

表 3-12 样本高校体育教师学习相关政策法规情况（多选） （%）

样本高校	高等教育相关法律	高等教育相关政策	学校相关政策	没学习过
A 大学	11.2	16.9	36.8	46.3
B 大学	9.3	21.3	45.2	41.2
C 大学	13.5	18.5	47.3	57.2
D 大学	14.6	14.5	58.6	36.3
E 大学	9.7	17.4	54.1	45.8
总体	11.7	17.7	48.4	45.4

样本高校体育教师对政策法规知识的学习，可以通过两种途径来进行：一是学校组织的正式培训，这是一种外在的学习模式，有较为统一的形式，有相对固定的时间和课时安排，有相对系统的内容；另一种是高校体育教师的自学，这是一种内在驱动的学习方式，体育教师根据自身的需求来选择性地学习与之相关的政策法规知识。调查显示（表 3-13），有四成多的教师通过二者兼有的方式，来进行政策法规的学习，而学校统一组织的学习，以及教师自身内驱性的自学，各自所占比例均不超过三成。并且，高校体育教师对政策法规的学习方式，存在显著的年龄差异（$\chi^2=11.08$，$p<0.01$），并表现出一定的规律性，具体表现在两个方面：

其一，随着教师年龄的增长，通过学校组织学习政策法规知识的比例逐步减少，这与近年来学校对本校教职工的政策法规的培训日益重视有关。近年来入职的教师，高校普遍会通过相关课程的设计，让教师能够系统地学习相关政策、法律和本校的规章制度，以便能更好地适应和从事在本校的教学和科研工作。而在此之前，这样的情况相对少见，地方高校很少组织教师参加这样内容的学习，教师要了解这方面的信息，大多情况下只能通过自学的方式来获得。

其二，随着教师年龄的增长，采用自己平时积累的自学方式，获得相关法律、政策和本校制度等知识的比例呈递增趋势。

表 3-13 样本高校不同年龄体育教师学习政策法规知识途径情况 （%）

年龄	学校组织学习	自己平时积累	二者兼有	卡方检验
35 岁及以下	35.1	21.6	43.3	$N=216$，$\chi^2=11.08$，$p<0.01$
36~45 岁	32.5	25.4	42.1	
46~55 岁	27.8	29.7	42.5	
55 岁以上	19.6	32.8	47.6	
总体	28.8	27.4	43.8	

地方高校体育教师在职业素养和政策法规等相关知识的学习上存在的差异及

不足，是体育教师专业知识发展中存在的重要问题。省级教育主管部门、地方高校，以及体育学院等相关主体，应该就此问题给予适当的关注，以使得体育教师专业知识的储备和运用能够更进一步，从而带动起教学和科研质量的提升。

三、高校体育教师专业理论知识更新迟滞

拥有丰富的专业知识储备，是教师之所以成为教师的重要前提条件。俗语讲：教师要给学生一瓢水，那他自己至少得有一桶水。言下之意，即教师的专业知识储量，必须远远丰富于自己的学生，只有这样才能保障教学工作有质量地开展。在当前这样一个不断发展的社会，高校教师必须时刻保持进取的态度，努力增加其专业知识储备，以应对信息化社会对其教学的冲击，也满足学生日益多样化的专业需求。但在地方高校的实际中，教师的专业知识是否能获得及时的、有效的更新以适应这种变化呢？

在高校体育人才培养模式转型的迫切性这一问题上，可以通过三个方面进行阐述：首先，现有的体育人才培养模式存在一定的缺陷。体育教师具有全面性的特性，即体育教师不仅要求掌握较强的专项技能，同时还要具备全面的基础理论知识，传统的教学模式培养了学生的专项技能、知识，却忽略了其他基础知识和教育理论，只有从教学模式上进行调整才能有效地解决这一矛盾，将理论与实践相结合。第二，当前高校教师人才培养要适应社会发展需求。当前社会体育和健康受到普遍关注，体育迎来前所未有的发展时机，这就需要大量的具有高水平、多样化、专门性的高质量体育教育人才，新培养模式的建立迫在眉睫。第三，体育人才培养模式要适应不断深入的体育教育改革。多年来青少年体质下降成为一项重要的社会问题，健康观念已深入人心，在此背景下，新的体育与健康课程开始推行，这对体育教师的综合素质，提出了更高的要求和新的标准，需要高校体育教师专业理论知识不断更新。

下面笔者就 H 省五所地方高校体育学院教师专业知识的更新与发展状况，进行简要的描述。从中会发现，地方高校体育教师的专业知识更新，表现出明显的迟滞特点，这对其应对多样化的学生需求产生消极的影响。

普遍来讲，教师的专业发展受到内外两个方面因素的影响。一是外在的规约，外界（主要指学校和学院的要求，以及学生需求的倒逼）的规约促进教师更新专业知识，获得专业知识层面的更多积累。在高校体育教师的专业知识发展方面，学校和学院肩负一定的责任，要为体育教师的专业知识发展，提供必要的环境和条件。

据笔者的调查发现，地方高校为体育教师的专业知识发展提供的条件，显然是不足的，这一点在地方高校为体育教师是否提供专业知识的培训中，明确地体现出来。调查显示（图 3-7），在样本高校中，体育教师近三年参加过专业知识

相关培训的教师占比不足四成（37.4%），有超过六成（62.6%）的体育教师，没有参加过专业知识培训，总体专业知识培训率偏低。这说明地方高校或学院在教师专业知识的发展方面，还有进一步努力的空间。

另外，笔者发现，在近三年参加过培训的教师中，以中青年教师为主。45岁以下教师近三年参加过专业知识培训的比例在50.0%左右，而45岁以上教师参加培训的比例明显偏低。这一方面说明地方高校和体育学院对年轻教师的培训有一定程度的重视，另一方面，也能说明中青年教师对专业知识的发展，有着更高的积极性，而中老年教师则普遍缺乏专业发展的热情。

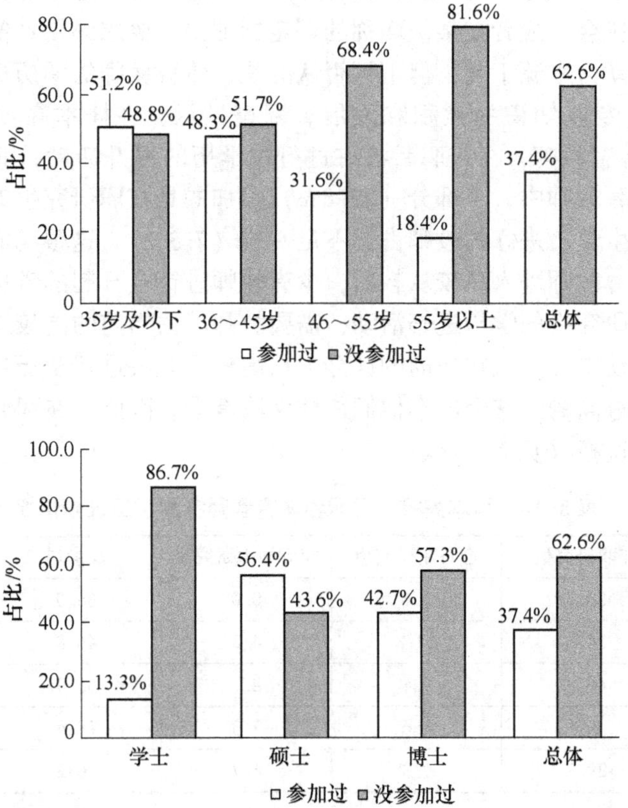

图3-7　样本高校不同年龄和学历体育教师参加专业知识培训情况（2012~2015）

从不同学历的角度看，地方高校体育教师的专业知识发展情况，也不容乐观。调查显示，具有硕士学位的体育教师专业知识发展的意愿最为强烈，他们近三年参加专业知识培训的比例，高于其他学历教师，紧跟其后的是具有博士学位的体育教师，而拥有学士学位的体育教师，其专业知识发展意愿最低。这可能要归咎于两个原因：一是教师的年龄结构，拥有学士学位的体育教师中，绝大部分为中老年教师，他们已经接近职业生涯的末期，通常缺乏专业知识学习的意愿；

二是具有硕士、博士学历体育教师面临升职和科研压力，在当前的地方高校中，教师面临着严峻的升职压力，而升职的最重要衡量指标是科研压力。所以，对拥有博士、硕士学历的教师（他们通常也是相对年轻的教师）而言，迫于压力寻求专业知识的发展是情理之中的。

就高校体育教师专业知识发展的方式而言，可以区分出两大类：学历教育和非学历教育。我们首先来看一下高校体育教师专业知识发展的学历教育情况。在所调查的五所地方高校中，体育教师在近年来参加过学历进修情况相对比较普遍。但据笔者对这些教师的访谈发现，他们进行学历进修的原始动力，来自于地方高校现行的教师职称评定机制：拥有更高学历的教师，通常能获得优先评定更高一级职称的机会，或者在某级职称的评定标准中，要求必须具备特定的学历。

尽管原初动力来源于此，但不可否认的是，体育教师的学历进修行为，在客观上促进了其专业知识的累积和发展。调查显示，在样本高校中，有一半多（56.2%）的体育教师，在入职后没有进行过学历的提升活动，而在参加过学历提升活动的体育教师中，一部分（29.8%）参加的是在职研究生的进修活动，参加全日制研究生学历进修的教师占比不足一成（7.3%）。这跟我们的惯常认知是一致的，在体育教师进入高校从教后，少有教师进行全日制的学历进修活动，原因在于全日制研究生的学历进修活动，需要教师辞去当前的高校工作而全身心地投入到学习活动中去，但在当前的社会，从高校辞职去进行学历进修，对绝大部分教师是成本过高的，这个成本他们往往无法承受。因此，在职研究生学历进修模式成为普遍选择（见表 3-14）。

表 3-14 样本高校不同职称体育教师参加学历进修情况 （%）

职称	在职研究生	全日制研究生	同等学力研究生	没参加	卡方检验
助教	28.7	7.8	0.0	63.5	$N=216$, $\chi^2=122.82$, $p<0.01$
讲师	34.6	13.8	4.8	46.8	
副教授	46.3	9.1	8.7	35.9	
教授	9.7	4.6	7.3	78.4	
总体	29.8	7.3	6.7	56.2	

在非学历的专业知识发展方面，笔者调查了样本高校体育教师近三年参加的非学历教育情况。调查显示（表 3-15），地方高校教师成为国外访问学者的机会普遍极少，只有不足一成（6.35%）的教师近三年作为访问学者去国外大学进行学习，这与 985、211 等重点大学的情况形成天壤之别，在很多重点高校，有一年或半年的访问学者经历是晋升职称的必要条件，这迫使这些院校每年有相当部分的教师，走出国门去他国高校做访问学者。而地方高校普遍缺少这种倒逼机制。

表 3-15 样本高校不同职称体育教师参加非学历教育情况（2012~2015）（%）

职称	单科进修	国内访问学者	国外访问学者	各种短期培训	卡方检验
助教	39	1.7	0	59.3	$N=216$, $\chi^2=83.67$, $p<0.01$
讲师	43.6	9.6	0.8	46.0	
副教授	42.7	13.7	5.9	37.7	
教授	30.3	22.6	18.7	28.4	
总体	38.9	11.9	6.35	42.85	

另外，地方高校体育教师作为国内访问学者的比例也不高，这从侧面反映出当前地方高校在校际学术交流上的相对封闭性，是一个值得注意的问题。在近三年教师参加的非学历教育中，短期培训是主流模式，占比超过四成（42.85%），短期培训的优点是占用时间较少，并且具有一定的针对性，这对教师的专业知识发展具有一定的积极作用，但其缺点是缺乏系统性，对教师专业知识发展难以发生系统性影响。在教师专业知识发展的非学历教育中，单科进修可能更具有系统性，在此方面，地方高校体育教师参加的比例较低，也只有不足四成（38.9%），还需要有所加强。

此外，从调查数据的描述统计中，笔者发现了一些不得不引起重视的现象。在作为访问学者（不论是国内还是国外访问学者）的体育教师中，随着年龄的增长，成为访问学者的比例逐渐增大，年轻教师成为访问学者的机会相比年龄较大教师要少很多。其实，在非学历教育中，访问学者的含金量相对较高，而这种含金量更高的专业知识发展机会，在地方高校年轻体育教师身上则是稀缺的，作为未来学校和学科的重要力量，这种优质机会的缺失应该引起相关主体的重视。

地方高校体育教师专业知识的发展，还可从另外一个指标中有所反映，即教师日均看专业书刊的时间。看专业书刊的时间，更多反映的是教师对专业知识的自我学习情况，在一定程度上可以看出体育教师专业知识积累和更新的程度。笔者调查了教师日均看专业书刊的时间情况，分析发现，地方高校体育教师日均看专业书刊的时间普遍较少，并且表现出显著的学历和职称差异。

总的来看，教师看专业书刊的时间少于 1 小时的比例为 48.6%，接近一半，这说明地方高校体育教师在专业知识的学习上，存在明显的不足。从学历角度看，具有硕士学历和博士学历的教师，每日花费在看专业书刊上的时间，较其他教师更多，这与他们面临着更大的升职和科研压力有关，而学士学位体育教师和教授职称教师的日均读书时间普遍较少，这其实反映出一个很普遍的隐忧：在教师获得高级职称后，他们在专业知识的发展上，正在失去动力（见图 3-8）。

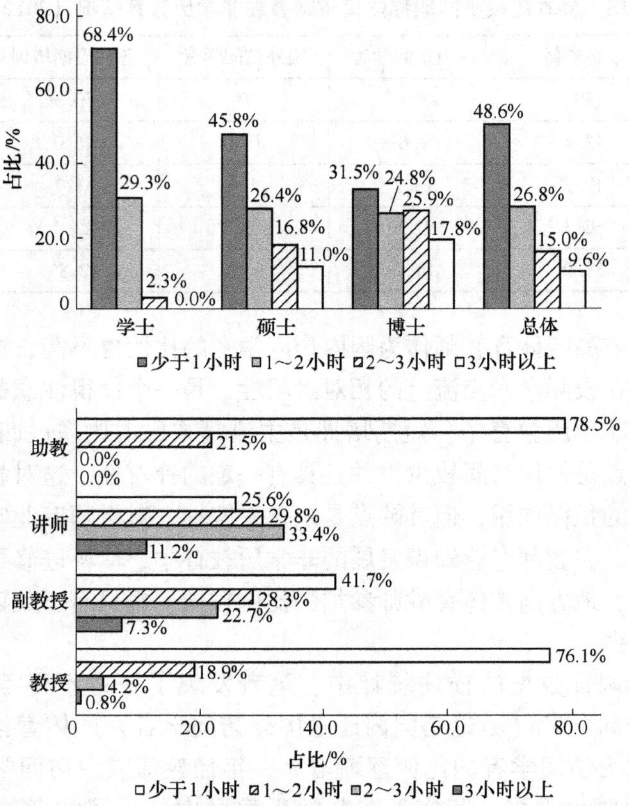

图 3-8 样本高校不同学历和职称体育教师日均读书时间

四、年轻体育教师专业知识发展机会缺乏

在任何一个单位中，年轻成员的发展状况都会对这个单位未来的发展产生深远影响，地方高校中亦然。在地方高校的体育专业中，年轻教师能否获得足够的专业知识发展机会，不仅对年轻教师个体的发展产生有益影响，也会对体育学院的未来发展好处多多。但是在当前的地方高校中，年轻体育教师的专业知识发展情况不尽如人意，如果将专业知识发展机会比作资源，则在地方高校的体育学院中，中老年教师，或者高职称教师获得了较多的专业知识发展机会，而年轻教师则通常较少有这样的机会。

如表 3-16 中所呈现的那样，在体育教师获得的学历和非学历教育机会中，年轻教师总是处于劣势地位，而中老年教师群体，虽然访学的比例也不是很大，但较年轻教师来讲，显然获得了更多的机会。如在国外访问学者的机会获得中，只有 0.6%的 35 岁及以下年轻教师获得这样的机会，大部分机会都被 45 岁以上的中老年教师所占据，他们获得国外访问学者机会的比例，占总体国外访学人数超过七成。在国内访问学者的机会获得方面，年轻教师也是处于劣势地位，只有 3.7%的 35 岁及以下教师获得了国内访问学者的机会。这是一个需要注意的现象（见表3-16）。

表3-16　样本高校不同年龄体育教师参加非学历教育情况（2012~2015）（%）

年龄	单科进修	国内访问学者	国外访问学者	各种短期培训	卡方检验
35岁及以下	36.4	3.7	0.6	59.3	$N=216$, $\chi^2=107.28$, $p<0.01$
36~45岁	40.3	8.6	5.8	45.3	
46~55岁	40.7	12.7	8.9	37.7	
55岁以上	42.3	18.6	13.7	25.4	
总体	39.93	10.9	7.2	41.92	

但在是否参加专业知识的培训方面，我们发现了不一样的情况。调查显示，年轻体育教师（35岁及以下和36~45岁）参加专业知识培训的比例要高于中老年体育教师（45岁以上），这并不是说年轻体育教师拥有的专业知识发展机会比中老年体育教师更多，而是表明了一种趋向：年轻体育教师有更强的专业知识学习动力，这也意味着，只要有专业知识的学习和发展机会，年轻体育教师参加的内在积极性要远高于中老年体育教师。结合表3-16我们可知，现实情况是不容乐观的，纵然年轻体育教师有相对积极的专业知识学习和发展愿望，但留给他们的机会并不多，绝大部分机会被学院中的年长者占据了。

我们从现实中可以知道，这些年长者，通常为在学院中的高职称教师，或者具有行政领导职务的教师，他们占有了更多的专业知识发展机会，但往往由于事务繁忙，或者缺乏继续学习的积极性，而放弃了这样的机会，这对于正在锐意进取的、面临职称评定和科研压力的年轻教师而言，这样的机会往往是宝贵的，却又是很难属于他们的（见图3-9）。地方高校中年轻体育教师专业知识发展机会的缺失，或者更确切地说是被挤占，应该引起相关主体的重视。

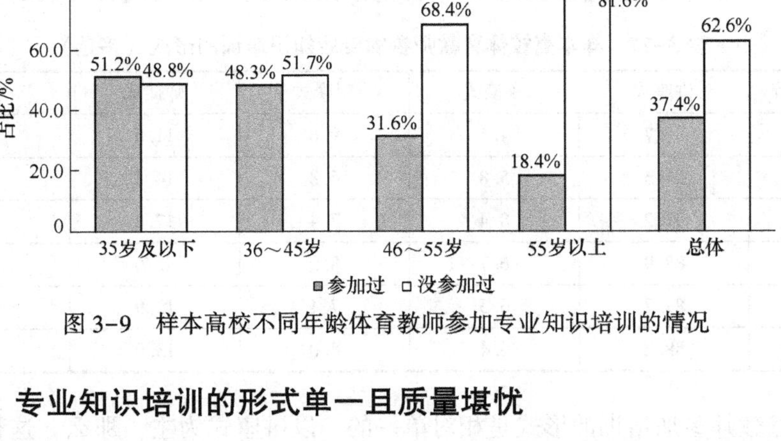

图3-9　样本高校不同年龄体育教师参加专业知识培训的情况

五、专业知识培训的形式单一且质量堪忧

地方高校体育教师的专业知识发展，既需要教师自我在内在驱动下的自学，

也需要外在环境提供一定的培训机会。只有内外力共同作用，才能使得体育教师的专业知识能力，获得更大的提高。在前文的论述中，我们看到，在地方高校体育教师中，教师在内在驱动下的自主学习热情并不是很高，尤其是年老教师，大多缺乏专业知识继续学习的积极性。

而对于年轻教师而言，他们在科研和升职压力之下，保持着相对较高的自主学习积极性。但悖论的是，尽管有相对较高的学习热情，也期望能够参加更多的专业知识发展培训，但他们能够获得的专业知识发展机会，却十分有限，绝大部分这类机会被同一单位的中老年教师所占据，因为这些中老年教师有着更高的职称，或者更大的行政权力，这是年轻教师所不具备的社会资本。占有更多的社会资本，意味着他们可以将这种资本转换为专业知识的发展机会，而缺失这些资本则意味着专业发展机会的稀缺甚至缺失。但不论如何，年轻教师专业知识的发展机会是存在的，不过是相对于中老年教师和青年教师而言，机会的分布存在差异。在接下来的内容中，笔者就地方高校体育教师专业知识发展的培训形式和质量的相关情况，进行一些简单的讨论。

就地方高校体育教师专业知识发展培训的形式而言，与中小学教师培训的情况类似，也存在典型的培训形式单一的问题。调查发现，在培训的形式上，有高达88.2%的教师参加过讲座式培训。我们都知道，讲座式培训往往会流于理论传授为主而显得生涩难懂，容易让接受培训的教师失去兴趣。因为一线的教学是一个实践为主的环境，教师在专业知识的积累上，既期望获得理论性的内容，同时也更多地希望能够与一线教学实践相结合的培训，这样他们就能够在培训的现场产生更多的代入感，但现实却是让他们失望的。

笔者比较了五所高校体育教师参加的培训形式情况，结果却是惊人的一致。在五所样本高校中，参加的专业知识培训是讲座式的教师，占比均超过八成。而参加过其他形式培训的教师，其所占的比例平均不到一成。这说明在目前的地方高校中，对教师专业知识发展的培训普遍存在形式单一的问题（见表3-17）。

表3-17 样本高校体育教师参加专业知识培训的形式（多选） （%）

样本高校	讲座式	座谈式	观摩式	师徒式	其他
A大学	86.7	4.6	9.6	11.5	8.4
B大学	84.3	5.8	6.8	14.3	6.7
C大学	91.2	8.4	7.4	17.6	9.1
D大学	88.9	6.7	8.9	8.7	7.3
E大学	89.7	6.5	7.4	12.9	6.4
总体	88.2	6.4	8.0	13.0	7.6

既然教师参加培训的形式是相对单一的，以讲座式为主，那么，这种培训的效果如何呢？笔者通过让教师对讲座式培训内容的呈现方式进行选择，最后得出

一张二维表格（见表 3-18）。

表 3-18 样本高校体育教师参加的讲座式培训的内容呈现形式 （%）

样本高校	均是理论讲授	理论讲授为主偶有举例	结合现实为主理论为辅	卡方检验
A 大学	54.2	27.1	18.7	$N=216$, $\chi^2=34.03$, $p<0.01$
B 大学	48.1	40.6	11.3	
C 大学	57.6	25.7	16.7	
D 大学	39.8	38.9	21.3	
E 大学	48.7	33.4	17.9	
总体	49.7	33.1	17.2	

从表中可以看出，有一半的讲座式培训在内容的呈现上，以理论讲授为主，事实证明，枯燥的理论灌输是缺乏实效性的。而最受欢迎的内容呈现方式，是结合实际的理论讲授，但遗憾的是，这一比例只有不足两成（17.2%）。笔者比较了五所样本高校之间的情况，认为在当前的地方高校中，体育教师参加的讲座式培训，在内容的呈现方式上，大多数都采用理论讲授的模式，只有极少部分讲座式培训对现实的结合相对比较紧密。

为了进一步验证体育教师专业知识发展培训的效果问题，笔者设计了相关的题项，让教师就培训的效果问题进行主观判断。数据分析的结果，印证了笔者的预设：即体育教师的专业知识培训质量是低下的。表 3-19 所示为样本高校体育教师对培训质量的主观判断，可以发现，认为培训质量好（非常好和比较好）的比例不足 20%，绝大部分教师认为专业知识培训的效果是相对比较差的，认为培训效果比较差和非常差的比例超过 80%。在地方高校的体育教师中，普遍认为专业知识相关培训的实效性是较差的。如何提升体育教师专业知识培训的实效性，实实在在地提升高校体育教师专业知识的发展水平，是各个地方高校要充分重视的问题。

表 3-19 样本高校体育教师对专业知识培训效果的主观判断情况 （%）

样本高校	非常好	比较好	比较差	非常差	卡方检验
A 大学	4.8	12.3	69.4	13.5	$N=216$, $\chi^2=161.28$, $p<0.01$
B 大学	5.3	9.7	57.3	27.7	
C 大学	6.4	14.8	54.5	24.3	
D 大学	5.9	11.6	67.6	14.9	
E 大学	7.4	18.4	55.4	18.8	
总体	6.0	13.4	65.4	15.2	

第三节 地方高校体育教师专业技能发展审视

依照相关定义，教师的专业技能是指教师在一定的教育思想指导下，在已有知识经验的基础上，通过实践联系和反思体悟，所形成的顺利完成教学任务的一系列教学行为方式和心智活动方式。地方高校体育教师的教学技能，也符合此定义的范畴，是指在高校体育课程的教学中，体育教师在既有的知识经验基础上，通过实践联系和反思体悟，所形成的顺利完成教学任务的一系列教学行为方式和心智活动方式。具体到学校场域，地方高校体育教师的专业技能包括备课技能、课堂教学技能、教学评价技能，多媒体使用技能等方面内容。在笔者所调查的样本高校，体育教师的专业能力发展呈现出一些明显的问题，这些问题的出现，一方面与当前地方高校对教师的评价机制紧密相关，另一方面，则与教师的个人的工作主动性相关。在本部分内容的呈现中，笔者就当前地方高校体育教师专业技能发展存在的问题，进行分类呈现，并做一些简单的分析，在第4章内容中，笔者将就这些问题存在的缘由进行深入的剖析。依据这些问题的类型，将其区分为如下几个方面。

一、教学能力在评价体系中难获得重视

体系（system of systems）作为一个科学术语，泛指一定范围内或同类的事物，按照一定的秩序和内部联系组合而成的整体，是不同系统组成的系统。体育教师评价体系，是指在体育教师评价活动中，具有两个或两个以上的有机联系和相互作用的要素组成的，依据一定标准对体育教师及其有关影响因素进行评价，从而对体育教师进行监控和反馈调节，以改进决策、保证体育教师的组织、行为、决策系统。体育教师评价体系作为一个教师评价系统，是多因素、多方面的要素和子系统相互结合而成的复杂系统，这个系统包含了体育教师评价的原因、评价的标准、评价的内容、评价的主体以及最佳结果的管理等，这些因素、子系统在整体评价系统的协调下有序运行。

在某种程度上讲，高校对教师能力的评价设定，对教师的专业发展产生决定性影响。假如一所高校在对教师进行评价的指标中偏重于教学成效，则教师的教学能力会被置于重要地位，教学能力的提升便会成为高校学校和教师所重点关注的方面，并想尽各种办法去提高之；但如果高校在对教师的评价中偏重于科研成果，而相对忽视教师的教学能力，则教师教学能力的发展则会受到很大的限制，学校和教师则会将更多的精力花费在科研成果的产出上。

客观地讲，当前的高校，不论是985、211等重点高校，还是地方性高校，近年来的发展趋势，是普遍将科研作为对教师进行评价的最核心指标，成为教师

晋升职称和提升收入的最重要途径。而相应的，教师的教学则被普遍置于不再重要的位置，甚至可以说是被忽视了的位置。这也是近年来导致高校本科教育质量不断下滑的重要原因之一，当然这并不是本书探讨的重点。下面，笔者就地方高校对体育教师教学能力的评价，展开必要的论述。

从根本上制约着体育教师的评价体系能否科学而有效的运行，对于体育教师的整体活动结构，起到调节与控制的作用，良好的教师评价能够协助教师有效地进行教学活动并达到预期目标。一个科学的、有效的体育教师评价体系，首先要有明确的前提和目标，包括评价的原因、评价的标准、评价的对象、评价的主体等要素。评价的原因也就是评价的目的，是弄清楚为什么要进行教师评价，评价的出发点和前提是什么；评价对象是解决要评价哪些内容的问题；评价标准是解决如何进行评价、评价的方法、评价结果的问题；评价主体规定了由哪些人来进行评价。

教师评价的最终目标可以从两个方面进行诠释：一是教学方面，也就是说通过科学的教师评价，有效地提高教学效能，通过衡量教师教学活动的过程、结果进行优劣评定，制定奖罚制度，直接与教师的聘任、职称评定等相关联，以此来有效地提高教师的教学质量；二是专业整体发展方面，也就是说通过对教师教学进行评定的过程中，诊断教师存在的问题，督促改进，以此不断提高和完善教师的专业水平和业务能力。最终，都是为促进教师发展的两种目标，由于着力点的不尽相同，产生了截然不同的效果。

当前，我国体育教师评价体系，都是为了提高教师教学效能而服务的。这种针对教学效能的体育教师评价体系，存在较强的功利性，这种目的导向致使评价更多的是为鉴定教学活动的优劣、等级、排名，从而为进行奖罚、薪资、职称评定等进行服务，这种教师评价体系缺乏对教师群体的激励、教学活动的改进、教育过程的服务等功能，不利于教师专业的良性发展，难以得到广泛的支持和认同。

缺乏科学性的、单一的教师评价体系，在反映体育教师实际工作情况的过程中往往会得到片面的、不合理的、不科学的评价结果，这些片面的、不科学的评价结果必然阻碍教师专业的良性发展。为了获得全面的、科学的体育教师评价信息，就需要建立多元化的教师评价体系，对体育教师的教学活动进行全面、科学、客观的评价，从而避免对单一教师评价会影响整个体育教师教学活动的片面判断。评价的标准和方法是教师评价的关键环节，它包括如何对教师教学活动进行评价，以及对采集到的信息数据如何进行分析评定，这个标准和方法直接决定了评价最终结果的科学、有效性。

对体育教师教学活动进行评价是一项复杂而严肃的工作，科学的教师评价体系能够有效地指导和支撑其正常运行。总而言之，现阶段我国体育教师评价体系存在明显的单一性和不科学性等问题，对于体育教师的评价缺乏科学的指导。制度是在一定的社会需求下，形成的符合法律规范的、制度内人员必须遵守的行为准则。在当今社会各阶层、各行业中形成了符合自身要求的多样化的制度，这些制度规范着人们的行为和活动，保证了社会生活的顺利、有效地开展。教师评价体系作为一种教师行业制度，是在进行教师评价过程中必须遵守的一项具有法律效力的规范和标准。一所学校的有序、有效的运行依赖于一项项完善的规章制度，这其中包括科学完整的教师评价制度。一个完整的教师评价制度包括教师评价机构系统、评价操作系统、评价质量管理系统，这些系统各司其职，分别完成自身承担的任务，并且相互配合，共同支撑体育教师评价工作有序、科学地开展。

科学完善的教师评价制度是教师评价的标准和行为准则，是教师评价的基础，但就体育教师评价的具体实施而言，仅仅有一个基础并不能保证教师评价的顺利、科学的进行，这就需要学校制定一套行之有效的教师评价工作方案，从而保证教师评价工作的具体组织、评价的实施以及评价之后工作的落实，最终达到教师评价的目标任务。当前制约高校体育教师评价工作开展得主要因素，是部分学校存在着体育教师评价活动盲目、无章可循的问题，一些学校教师评价制度不健全、评价方案不科学，缺乏针对性和系统性，甚至是评价方案缺失，造成体育教师评价工作形式大于实质，工作开展得盲目、杂乱，结果缺乏准确性和及时性，很难达成教师评价工作的目标，制约了体育教师专业的发展。

笔者的调查显示，五所样本高校中，体育教师认为学校在其职称晋升中考虑的最核心的两项指标是“论文发表”和“课题主持”情况。绝大部分体育教师均认为这两项在职称晋升中是最核心的指标。除此之外，体育教师还有一些指标会被考虑，从多到少依次是行政职务、教学成效和在校资历。他们认为，在职称晋升中教师的教学成效通常是被忽略的，只有一成（10.1%）的教师认为，在职称晋升中教学成效是前两位的重要指标。并且这一情况在笔者所调研的五所样本高校中，呈现出明显的一致性。这说明，在被教师最为看重的职称晋升方面，教学能力通常是被忽视的（见表3-20）。

表3-20 样本高校体育教师认为的职称晋升中最主要的评价指标（限选两项）

（%）

样本高校	论文发表	课题主持	教学成效	在校资历	行政职务
A大学	86.4	87.4	6.4	9.7	15.4
B大学	89.3	81.2	8.7	8.6	18.7
C大学	87.6	79.6	11.3	9.1	11.6
D大学	91.2	85.7	15.6	8.5	16.3
E大学	88.3	86.9	8.7	12.3	9.8
总体	88.6	84.2	10.1	9.6	14.4

笔者对不同职称体育教师就同一问题的回答情况进行了统计。分析发现，随着职称的提升，体育教师认为“教学成效”在职称晋升中的比重逐渐减少。这是一个有意思的现象：年轻体育教师有接近两成的比例认为，在职称晋升中教学成效处于最重要指标之列，但在经历过多次职称评定的教授、副教授而言，教学成效被看作是职称晋升核心指标的比例只有5%左右。而副教授、教授职称的教师，经历过多次职称评定，他们对学校的职称评定情况更为了解，当他们一致认为教学成效在职称评定中所占的比例过少时，其实反映出当前地方高校在对教师进行考核时，对教学成效的刻意忽视。

用通俗的语言讲，有些年轻体育教师可能不够清楚地了解其所任教学校在职称评定上的相关政策，误以为教学成效可能是其职称评定中的重要指标，但显然他们错了，多次评定过职称的，当前正掌握话语权的高级职称体育教师们，他们显然更了解其中的隐情。在教师职称评定中对教学成效的刻意忽视，产生的效应是，教师缺乏了对其教学成效进行规约的外在动力，同时，也影响教师积极从事教学、努力提升其教学能力的内在动力。这对高校教学质量的提升显然是不利的(见表3-21)。

表3-21　样本高校不同职称体育教师认为的职称晋升重要条件（限选两项）

（%）

职称	论文发表	课题主持	教学成效	在校资历	行政职务
助教	76.3	61.7	25.7	18.6	21.5
讲师	84.6	88.6	14.3	11.3	18.7
副教授	87.1	81.3	6.4	7.6	11.2
教授	67.8	85.7	5.1	2.3	9.4
总体	79.0	79.3	12.9	10.0	15.2

地方高校对体育教师教学的忽视，还体现在年终奖的发放上。年终奖通常是学校和学院对教师一年教学成效和科研业绩的汇总性奖励。在年终奖中，教学工作量、科研成果，以及平时表现是三项主要内容。但这三项内容所占的比重并不是均等的，据笔者调查发现，在年终奖的构成中，科研成果所占比重最大，其次才是教学工作量。样本高校体育教师认为，在年终奖的构成中最主要是科研成果的比例高达67.0%，而认为教学工作量是年终奖最主要构成的体育教师比例则只有25.0%。

之所以如此，据笔者的调查，教学工作量中单位工作时间的金额是非常低的，尽管在不同学校，不同学院间单位课时的课时费存在差异，但总体介于20~70元之间，大部分高校体育教师的单位课时费不足40元。即便教师在过去的一年中课程安排得满满当当，完成400个课时，在其年终奖中，教学工作量只能贡献不到 1 万多元。而与之形成鲜明对比的是，教师每发表一篇重点期刊的论文，即能获得 1 万元的奖励。这样的奖励规则，进一步减弱了教师进行课堂教学的欲望，用笔者访谈的某位体育教师的话讲，即“累死累活讲课，到头来拿的钱却最少，那教学还有什么劲？”不论是职称晋升的考核指标，还是年终奖的构成中，地方高校体育教师的教学成效，均不能获得足够的重视，这种科研导向的评价机制，对教师教学积极性的削弱非常明显，需要引起相关主体的注意（见图 3-10）。

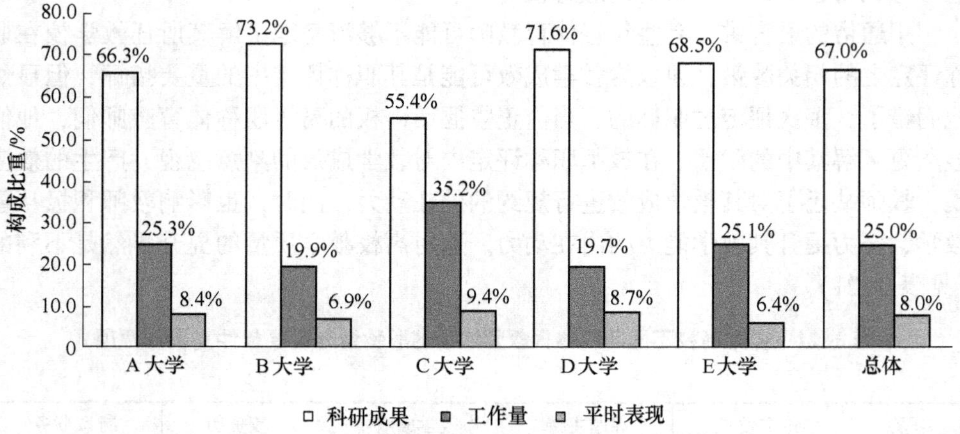

图 3-10　样本高校体育教师年终奖的构成比重

为了加强高校体育教师队伍建设，提高体育教师学历层次和科研能力，各高校在教师职称评定和各种评优中，加入了学历标准和科研成果标准，以此来激励教师参与相关的职后培训。通过对教师参与职后教育的目的调查发现，体育教师最希望通过参加职后教育，得到科研能力和学历的提升。通过调查，绝大多数教师的最主要动机，就是为职称评定做准备。虽然各高校设置奖惩制度时，将科研能力作为重要指标的目的，是为了提高体育教师科研能力，但部分教师在选择上存在过强的功利性，并没有达到提高能力的目的，例如，在选择职后教育的形式上，多选择学术会议，与学校科研考评等量齐观。

从调查中可以明显地感受到，真正以参与职后教育来提高自身整体素质的体育教师占比并不高，相当一部分教师更加关注通过职后教育考核后，能够为自己的晋升和评优带来的利益。因此，现行的制度使教师缺乏主动性，而更多的是带有显著的功利性，这种功利性的驱动力，能够一定程度上提高教师的学历指标和科研指标，但却很难实际提高教师综合素质，而且，一旦教师参与职后教育并达到评比的硬性指标后，教师很难再主动继续参与相关培训。

长久以来，由于应试教育的存在，我国的教育一直存在“重文轻体”的偏颇思想，体育课往往被当做鸡肋，社会上，甚至是相当一部分学校对体育教师存在头脑简单、四肢发达的错误认识，他们认为体育教师无需动脑，体育课简单轻松。随着时代的发展，教育观念的改变，体育课成为必修课，人们对体育教师的偏见，也得到大大改观，但仍有相当一部分学校领导轻视体育课，体育教师的劳动成果得不到肯定，甚至体现在劳动报酬当中，例如，体育教师职称评定、评优等学校奖励政策都处于弱势，这些现象打击了体育教师的积极性，不利于体育专业的良性发展。

体育教师评价的内容是多方面的，它不仅仅指体育教师的专业知识这一单一层面，还包括其他多种因素和变量，它包括教师的理论知识、专业技能、技术能力、道德素养等方面。这些体育教师的多种基本素质，保证了体育教师能够顺利完成教学活动。但是，由于当前体育教学过程中，部分体育教师自身存在一定的缺陷，教师体育专业理论知识、专业技能、技术能力等水平较低，教学实践能力较差，身心素养不高，难以满足当前体育课程发展的需求，这就为教师评价结果的公正性、客观性形成了阻碍。

二、教师教学中“照本宣科”现象普遍存在

如何将书本内容在课堂上传授给学生，不同的教师有不同的方式，这与教师的教学技能紧密相关。优秀的教师能够利用行之有效的、吸引学生的方式将书本内容传授给学生，而有些教师则缺乏必要的技能，往往使得课堂教学的知识传授，成为其一个人的“独角戏”，课堂教学方式刻板，缺乏变通，学生难以提起兴趣，最终的结果是效果不彰，学生不满意，教师自己因为唱独角戏而倍感疲惫。这样的情况，在笔者调研的样本高校体育教师身上，有着充分的体现。这说明在当前的高校中，体育教师的教学，存在很大的问题需要解决。

在笔者所调查的五所地方高校中，体育教师的课堂教学普遍存在照本宣科的情况，而缺乏加入生活实践内容的生动呈现。这一点的调查，主要来自体育学院的学生，并且主要集中在体育理论课程的学习方面。在体育“术科”的教学中情况要相对好一些，因为术科更注重实践，场景更为复杂，且更多地使用程序性知识进行教学，教师一般引导学生做某些动作，或者很多教师不能采用更好的教学技能，但只要按部就班地呈现动作并让学生模仿，并最终内化为自身的能力，即算是完成了教学任务。但体育“理论”课程的教学则存在差异，和其他学科的理论课程一样，体育教师在相关原理的教学中，需要加注更多的教学技能，才能使得课堂教学的气氛更活跃，效果更好一些。但显然，在笔者所调查的高校中，相当部分的体育教师，没有达到这样的要求。这一点尤其明显地体现在年轻体育教师的身上。

前文已经讲到，地方高校对教师教学能力的相对忽视，是教师教学技能相对

薄弱的最主要原因。这种消极影响主要体现在两个方面，并形成一个恶性的循环：其一，学校层面对教师教学能力重视不够，也鲜有组织教师参加教学技能的培训，教师的教学技能处于自生自灭的状态，有工作热情的教师或者会去不断地磨砺自己的教学技能，并最终获得好的发展。但对大多数教师而言，既然学校层面不够重视，也不组织培训，那么就会缺乏足够的动力去磨砺自身的教学技能。其二，学校的评价制度对教师教学能力的发展不利，在现行制度下，地方高校评价制度的普遍导向是科研为主，教学为辅。在此前提下，如果某位教师的科研业绩较好，但其教学业绩相对较差，则对其最终的评价也不会产生实质性的影响；如果某位教师的教学业绩较好，但科研业绩较差，则其要面临晋职的难题和收入的困境。这进一步强化了教师对教学的忽视，其投入到教学中的时间被或主动或被动地压缩了。

笔者通过与样本高校体育学院本科生的非结构式访谈获知，部分学生对教师的上课方式表示不够满意，尤其是年轻教师。这些教师尽管看起来比较认真，但事实上却普遍存在"照着 PPT 念"的情况，所讲的内容也都严格限定在书本内容之中，空洞、无趣。但他们不否认这些年轻教师很努力，不过最终的教学效果却不甚理想。一位学生给笔者讲到，自己在几个教师的课堂上，总是忍不住想睡觉，但事实上他本来是不困的。问及原因，则是这几位教师讲课的无趣，缺乏吸引人的内容，基本是念 PPT，除此之外没有别的内容。他表示：书本上的内容还用教师念么？我们自己又不是不认识字。学生当然并不理解为何会出现这样的情况，事实上他们也不需要去刻意了解，因为从他们的角度来讲，进入这所大学、这个学院，以及这个课堂，他们需要的是接受到更高质量的教育，这是他们的权利，但显然这一切让他们失望了。不论是什么原因导致的，终归是他们没能在大学接受到本应该属于他们的良好教育。

三、体育教师的教学技能培训相对不足

教学技能的培训是教师职后发展的重要内容。对于一名高校体育教师而言，其教学技能的培养，除在入职前的学校教育之中习得小部分外，在入职后的漫长时间里，教学技能的精进还需依赖在实践中的不断打磨，当然，学校在教师教学技能上的监督和促进作用不可忽视。一般而言，学校是有义务对其教师的教学技能进行必要的培训的。但在笔者所调查的五所地方高校中，学校组织对体育教师教学技能的培训和提升，显然未能完全履行该有的职责。

在笔者向体育教师询问学校组织其参加教学技能培训的频率上看，大部分体育教师（64.7%）回答学校较少组织教学技能的相关培训，大部分体育教师回答，学校只有在其刚进入学校任职时，进行过简单的教学技能培训，随后在漫长的教学生涯中，学校不再统一组织教学技能的培训了。甚至有接近三成

(27.5%）的体育教师回答说，学校从来没有组织过相关的教学技能培训，也即是说，有接近三成的教师的教学技能发展，基本全部依靠教师自学和在个人长时间的教学过程中打磨，学校在这个过程中全程缺位了。在回答学校经常对其教学技能进行培训的问题中，只有 7.8%的教师表示学校经常组织他们进行教学技能的提升培训活动，这一比例尚不足一成。由此我们推断，地方高校在体育教师教学技能发展上的应有责任，是没有完成的，甚至在这一过程中出现了严重的缺位现象，这一点是应该引起重视的（见图 3-11)。

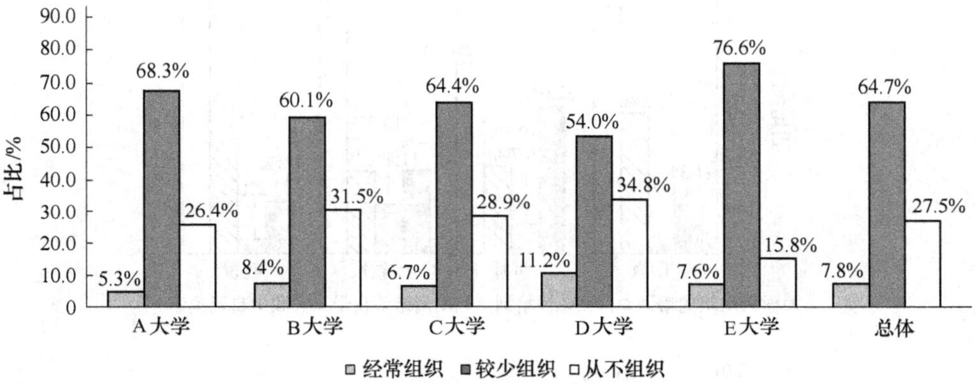

图 3-11　样本高校组织教学技能培训情况

对于地方高校体育教师参加教学技能培训的情况，我们统计了学校组织教师参加的情况，从统计结果可以看出，情况不太理想。地方高校组织体育教师参加教学技能培训的比例超过七成（经常组织和较少组织的合计共 72.5%)，但这其中经常组织教师参加教学技能培训的比例，则不足一成，情况是不容乐观的。既然高校层面对教师进行教学技能培训的组织工作相对比较滞后，那么，作为高校体育教师，他们需要面对日常的教学，教学技能的进步是必然的努力方向。他们是通过什么样的方式，来磨砺和精进自己的教学技能的呢？笔者对这一问题进行了调查。

首先，在高校体育教师教学技能获得进步的各种途径中，体育教师采用“实践中自己摸索”的比例高达 50.9%，即是说，有一半的地方高校体育教师其教学技能的发展是在实践中自己磨砺、摸索而进步的，其次为“利用网络等自学”，占比 24.3%，“参加学校组织的培训”而使得自己教学技能获得进步的体育教师比例只有 18.5%，不足两成。当然，还有一部分教师采用“自己花钱培训”而提升教学技能的。总体而言，这一群体的比例普遍很低，只有 6.3%。从这一简单的分析中可以看出，地方高校体育教师教学技能的进步，更多的是采取“散养”的方式，教师在不断的教学实践中磨砺其教学技能，甚至是野蛮生长，而学校层面缺乏有效的统一的规划。

接下来，笔者就不同职称体育教师的教学技能发展途径问题进行了统计。调查显示（图 3-12），在各级职称的教师中，依靠“实践中自己摸索”获得教学技能进步的教师均占最高比例，只有讲师和副教授的教学技能进步依靠“学校组织的培训”的比例（合计占比 51%）高于“利用网络等自学”的比例（合计占比 37.8%）。说明讲师和副教授职称体育教师，在一定程度上更多地获得了学校层面组织的教学技能培训课程，或者也说明讲师和副教授有更多的积极性参加了学校层面组织的教学技能培训。

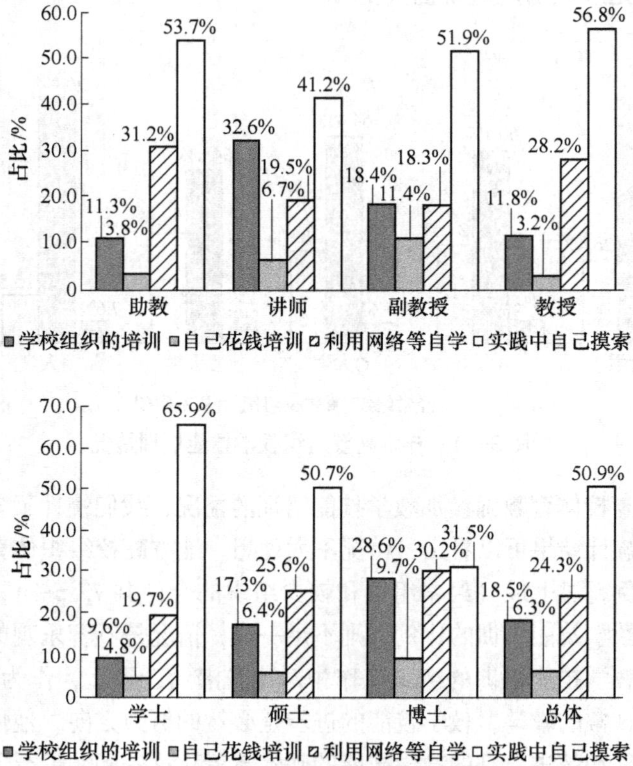

图 3-12 样本高校体育教师专业技能的学习途径情况

另外，笔者也统计了不同学历体育教师的教学技能发展途径问题，比例最高的依然是“实践中自己摸索”。其中学士学位体育教师和硕士学位体育教师的这一比例，远远高于其他途径，而拥有博士学位的体育教师的这一比例则是略高于其他途径所占比例。这说明在当前的地方高校在教师教学技能的培训中，尽管学校层面还有待进一步努力，但仅就提供的优先机会而言，其也是将大部分机会提供给了拥有高学历的体育教师，而学历较低的体育教师拥有的机会则更少。

通过调查，专家型体育教师对于新手型体育教师的直接指导，是迅速提高新体育教师教学实践能力的最直接和最有效的手段，“师徒帮带”的培养方式具有直接性、针对性、时效性等特点，“师徒帮带”制度已成为各国普遍运用的新教师培养手段。但是，现行的“师徒帮带”还停留在表面层次，高校和教师个人还没有对这种培养形式进行深层次的研究，仍然停留在经验层面，指导过程中运用的手段和内容更侧重于过往的经验，方法单一，同时指导教师缺乏足够的重视，大都流于形式。面对这种形式，笔者认为，其主要原因是缺乏系统和完善的管理机制。因此，需要针对这些不足逐步加以完善和强化。

对于如何完善“师徒帮带”制度，笔者从两个方面提出建议：首先，要从制度着手，形成可靠的制度保障，实现有章可循，例如对指导教师的指导次数、指导方式进行规范，对指导教师的指导进行评比、评优等。第二，规范指导教师指导任务并确认标准，这里又包括两个具体的方面：一是指导教师的任务和工作方式。明确的工作任务和工作方式，能够保证指导工作有效顺利地开展。笔者认为，指导教师在辅导新体育教师时，应按照一定步骤和方法逐步地、系统性地进行，要从最初的学校状况、学生状况、课程状况等基本信息着手，使新教师对整体情况有一个初步的了解，然后，通过亲自为新教师演示教学过程，通过观摩新教师课程并提出意见、给予直接辅导，听取新教师的实践感受和心理感受，就新体育老师提出的问题进行探讨，最后，通过指导新体育教师进行教学实践研究，逐步完善自身实践教学能力。二是对合格的指导教师标准进行量化，由于指导教师的能力好坏，直接关系到新教师能否迅速适应和胜任独立教学工作。因此，合格的指导教师应该有一个明确的衡量标准：首先，作为一名合格的指导教师是要工作在一线的，具有丰富教学经验的体育教师，应该对教学理念和整体过程有清晰的认识。其次，指导教师要具备良好的人格，对教育事业有热情，能够为新体育教师在心理上进行引领和指导，从知识、技能和心理全方位满足指导新教师的条件。这种为新教师配备有经验的体育教师作为指导教师，已成为相当一部分发达国家对新体育教师的基本培养方式。

在英国，在为新体育教师提供指导教师方面已形成了一定的系统性，学校按照体育教师的特点，根据整体学科和各种专业的层次，为每名新教师安排多名指导教师、为其进行针对性指导，已成为新体育教师入职教育的最后也是最核心的步骤。然而，并不是从事多年教学工作的教师，都能够成为一名合格的指导教师，合格的体育指导教师要在经验、技能和思想上都达到基本要求，在指导教师甄选过程中要严格把关，教育部门和高校要共同制定一套严格的选拔制度，对成为指导教师的优秀人才给予一定的物质和精神上的奖励。因为指导教师的选择标准较高，部分学校指导教师可能无法满足需求，为了能够有效地运用“师徒帮带”制度，一方面可以采取校际之间的合作，合理配置指导教师资源，将新教师送出去或引进优秀的指导教师，另一方面，应该采取适当的方式加强指导教师的培训，建立指导教师培训制度，培养更多合格的指导教师。

最后笔者认为，“师徒帮带”制度能够有效地实施，除了指导教师的良好素质以外，新体育教师的认可与配合将产生重要影响。所以，在搭配辅导教师时，要充分考虑新教师的意愿，要从性别、年龄、个性等多方面，达到新教师和指导教师的相互兼容，这种指导，不能以权威的姿态进行，不能以制度和权利的方式强加，否则指导并不能达到最优效果。因此，在指导教师的搭配上，应该充分考虑双方的意愿，可以利用双向选择，选择更有利于双方的合理搭配。

四、体育教学任务承担的两极分化严重

大学教师有两个重要的职责：一是教学，师之本质在于传道、授业、解惑，为学生授课是大学教师最基本的职责；二是科研，在当前社会，高校作为重要的科研机构，高校教师承担了智力创造的社会责任。但在当前的高校，笔者在前文已经讲过，普遍存在着科研为主、教学为辅的现象，虽然高校在名义上将教学和科研均放在重要地位，但在实际的操作中，科研往往占据重要地位，而教学则往往被边缘化了。因此，承担教学任务，成为高校体育教师不乐意从事但又不得不从事的工作。碍于学校对教师的基本课时量的要求，大学教师只能勉强完成，但他们的主要精力却是花费在了科研工作之中的。所以，在地方高校中，弥漫着一股崇尚科研而轻视教学的风气，教学被看作是吃力又不讨好的工作，教师在面对教学任务时，普遍秉持着能逃避则逃避的态度。

在笔者所调查的五所样本高校中，体育教师也普遍拥有这种观念。在与笔者的谈话中，明显地能感到高校教师对科研的重视，他们时而为自己的论文发表唉声叹气，时而为课题的申报命中率太低而无奈愤慨，鲜有提到日常的教学工作。当笔者将话题引入到他们对本科生授课的问题时，得到的普遍回答是：这都不是个事儿。进一步的解释是，只要给学生糊弄着完成教学任务就行了，最重要的是要将精力用于科研上。这样的情况并不会感到意外，因为笔者也是常年浸染在地方高校的环境之中的，对这样的情况自然也了然于胸。

那么，既然有些地方高校体育教师拥有不愿意为本科生授课的观念，本科生的教学任务，由谁来承担便是个问题了。我们想知道在当前的地方高校中，体育学院本科生的课程，究竟是哪些体育教师在承担，或者说，体育教师之间是如何分配本科生教学任务的。

据此，笔者进行了调查，结果显示，在当前的地方高校体育学院中，年轻教师承担着更重的课堂教学任务，而年龄较大教师的本科生授课任务则相对较少（表3-22）。从职称的角度看，笔者发现，拥有高级职称的教师为本科生上课的比例相对较低，有15.3%的教授没有本科生课程的教学任务，而另外的一些教授，则每周为本科生上课的课时数集中在8课时以内，按照当前地方高校普遍的大课来算，拥有教授职称的教师每周为本科生上课的次数在4次以内。而与之形成鲜明对比的是拥有讲师职称的教师，他们承担了绝大部分本科生课程的教学任

务。有超过三成（32.4%）的讲师，每周为本科生上课的工作量超过12课时，另外，有高达62.5%的助教每周为本科生上课的工作量在13课时以上（当然，是否允许助教上课，或者说上这么多课，不在本研究的讨论范围）。这与高级职称教师形成明显的反差。需要说明的是，年轻的体育学院讲师们，在承担如此重的教学压力的同时，他们也正承受着更大的科研压力，他们需要为职称的晋升和收入的增长努力，而这一切的获得，依然是要倚重于科研成果的。

表3-22　样本高校不同职称体育教师给本科生上课的周课时描述　（%）

职称	0课时	1~4课时	5~8课时	9~12课时	13课时以上	卡方检验
助教	0.0	0.0	15.8	21.7	62.5	$N=216$, $\chi^2=103.81$, $p<0.01$
讲师	0.0	3.5	17.2	46.9	32.4	
副教授	0.0	8.3	40.4	36.1	15.2	
教授	15.3	18.6	35.1	22.5	8.5	
总体	3.82	7.6	27.13	31.8	29.65	

第四节　地方高校体育教师专业情感发展审视

专业情感是指人们对自己所从事职业所具有的稳定态度和体验。一般而言，有强烈专业情感的人，能够从内心产生对自己所从事职业的需求意识和深刻理解，因而也能够热爱自己所从事的工作，对自己所从事的专业充满自豪感。而个体专业荣誉感的形成，通常有赖于社会所建立的合理的价值观，以及个体所树立的正确的专业价值取向。只有在这种积极的专业情感支配下的个体，才能对所从事的职业时刻保持激昂的精神状态，才能最大限度地发挥自己的潜能，最终使得自己的职业生涯更加完善。对地方高校的体育教师而言，专业情感即是其对体育专业所拥有的积极的情感，热爱体育专业，并对此专业具有很高的荣誉感，并愿意在此专业中持续地工作下去。

依照惯常的理解，教师的专业情感可以分为三个层次：一是对该专业的认同程度，这一点可从体育教师对其所从事专业工作的满意度中，有力地体现出来；二是对该专业的荣誉感，其可从教师的专业自豪感中有所呈现；三是对专业的敬业感，以及对该工作单位的依赖感，这一点可从教师是否愿意继续在该单位或该专业领域内继续工作体现出来。笔者通过对这几个方面内容的调查，发现地方高校中体育教师的专业情感发展，存在一些普遍性的问题，这些问题如果继续发展，可能严重影响着地方高校体育专业的持续发展，应该引起足够的重视。下面，笔者就这几个方面存在的问题，进行必要的说明。

一、年轻体育教师的工作满意度较低

对工作的满意度是个体对其所从事专业情感的重要表达。对于地方高校体育教师而言，对当前所从事的体育教学工作的满意度如何，则反映出体育教师的专业情感状况。笔者通过问卷调查了地方高校体育教师对当前工作的满意度状况，回答的结果符合笔者的预期。在调研之前笔者即在本单位进行了初步的了解，这种了解通过与身边同事的开放式谈话形式展开，在这些不够紧凑的谈话中，笔者已然隐约地了解到，当前地方高校体育教师对专业的满意度不是很高。调查研究的结果证实了这一点。

笔者首先查看了不同高校体育教师职业满意度情况的描述结果。结果显示，所调查的五所地方高校体育教师，对职业的满意度总体具有一致性，即对当前工作感到满意的教师比例，普遍低于不满意的教师。尽管在满意与不满意的总体比例中二者比较接近，但在不同的学校间，依然会有一些微弱的差异：如 B 大学和 D 大学体育教师对当前职业感到满意的比例高于不满意的比例，其他三所大学体育教师对职业感到满意的比例低于感到不满意的比例。另外，有两成（19.8%）教师选择说不好，难以准确判断其对当前所从事职业的满意度状况（见表 3-23）。

表 3-23　样本高校体育教师对其所在职业的满意程度　（%）

样本高校	满意	不满意	说不好	卡方检验
A 大学	39.0	42.3	18.7	$N=216$, $\chi^2=17.86$, $p<0.01$
B 大学	41.9	36.8	21.3	
C 大学	36.0	47.6	16.4	
D 大学	42.3	38.5	19.2	
E 大学	34.9	43.9	21.2	
总体	38.5	41.7	19.8	

当笔者从地方高校体育教师的年龄的维度，来观察其对当前职业的满意情况时，一个显著的情况便出现了。调查显示，年轻体育教师对当前所从事职业感到满意的比例，远低于不满意的比例。随着年龄的增长，体育教师对当前职业的满意度呈递增趋势，35 岁及以下新入职教师对职业的满意度最低（25%），而 55 岁以上体育教师对职业的满意度最高（52.8%）。与之相应，超过六成（65.3%）的新入职教师对当前职业感到不满意，而 55 岁以上教师的这一比例则只有 21.8%，远低于平均值。

为何地方高校体育教师越年轻，对当前所从事职业的满意度越低呢？笔者认为，这与当前地方高校中体育教师所面临的压力是紧密相关的。当前的高校年轻教师，在网络上有一个词来形容：高校青椒，这个词本表达刚刚进入高校从事教育工作的年轻才俊，但随着社会上对“高校青椒”在工作和生活等方面所面临压力的揭示，这个词便带有了悲情的色彩。

对于年轻的高校教师而言，他们不仅要承受工作带来的巨大压力（包括适应新的工作环境、角色身份的转变、过多的教学任务，以及让他们倍感压力的论文发表、课题申请等），还要承受生活的重担（组建家庭、购置房屋等），这就需要一大笔开销，但目前恰恰是他们事业刚刚起步的阶段，也正是“缺钱”的阶段，新入职教师所能拿到的薪酬，通常是学校中较低层次的，这一切都让生活和工作蒙上了不小的阴影。因此，地方高校年轻体育教师对当前工作的满意度低是符合常理的，正是这个被认为的常理，可能真正应该引起相关主体的注意。因为年轻体育教师是体育学院甚至学校发展的未来中坚力量，如何让年轻教师能够对职业的满意度提升，对学院和学校未来的发展，必然是有很大好处的（见图 3-13）。

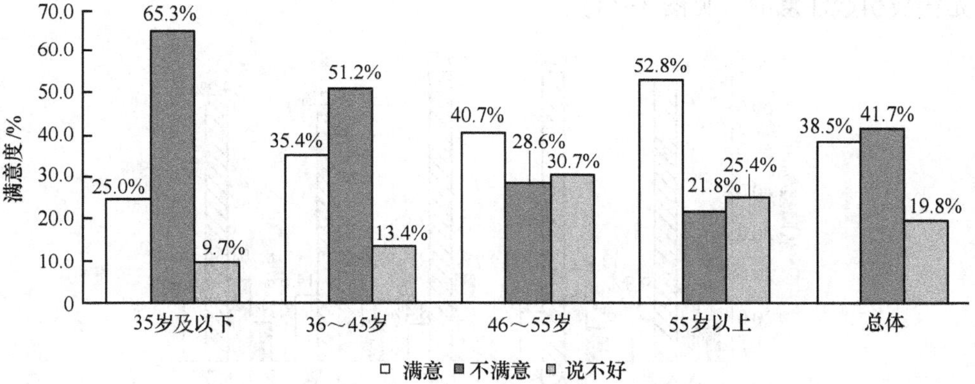

图 3-13　样本高校不同年龄体育教师对职业的满意程度

二、体育教师的专业荣誉感普遍较弱

个体如果对自己所从事的专业和职业有认同感，则会时刻感受到这个专业和这份工作给自身带来的荣誉感，因而也能够更好地调动自己的积极性投入到这份工作之中去，其工作积极性也会大幅增强。教师职业也是这样的，在地方高校中，体育教师如果觉得体育专业和体育教师这个职业是自己喜爱的，并且能给自己带来一定的荣誉感，则会更加努力地投入工作之中。但显然，地方高校体育教师缺乏职业和专业的应有荣誉感，他们感觉自己所从事的职业相对比较糟糕，也很难获得较高的认同度。

笔者就地方高校体育教师对其所在的体育专业的好差程度进行选择，结果却出乎笔者的意料。绝大部分体育教师认为，其所在的专业是相对比较差的，合计占到 74.6%（比较差和非常差之和），也即是说，认为其所在专业比较好的比例只勉强超过 25.0%。这一结果是笔者事先没有想到的，但也是真真切切地发生在眼前的。那么，我们需要对何以出现这样的情况有一个相对合理的解释，笔者认为主要受两个方面因素的影响：

一是社会传统认知。人们在传统的观念里认为搞体育的人是四肢发达而头脑简单的人，对搞体育的人才有着天然的歧视，这种歧视被传导到体育教师自身，他们有意无意地也会对这种观念表现出一定的认同。二是体育专业在地方高校中的定位和地位。普遍而言，在当前科研为导向的价值取向下，科研能力突出的学院会受到更多的重视，也能获得更多的资源，而体育学院在传统上是重实践的一门学科，重术而轻论，在科研上的成效通常不会很突出。因此，体育专业通常在地方高校中的地位相对比较边缘，这也是体育教师对其所在专业不够认同的重要原因。在笔者所调查的五所地方高校中，这一情况是普遍存在的，地方高校间表现出一定的一致性，每所高校的体育教师，均对其所在专业的认可程度偏低，这是需要引起注意的（见图 3-14）。

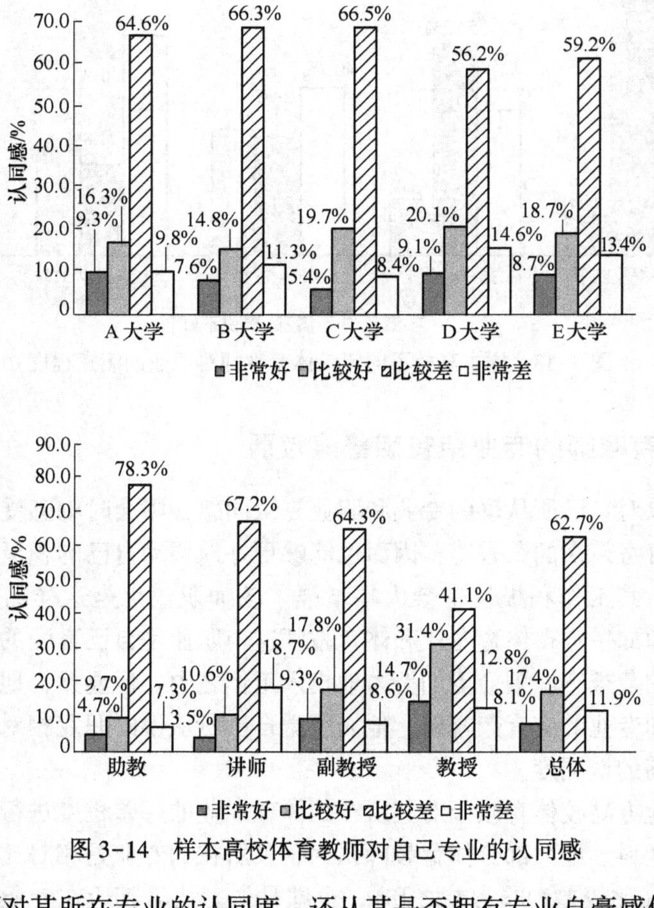

图 3-14　样本高校体育教师对自己专业的认同感

高校教师对其所在专业的认同度，还从其是否拥有专业自豪感体现出来。自豪感是一种主观情感，来自于个体对其所在专业和从事职业的深度认同，而客观原因则因为社会对其所在专业和所从事职业的较高认同，以及能给予他们理想中的回馈，二者缺一不可。但就笔者调查的情况而言，地方高校体育教师的专业自豪感是相对较弱的，在被调查的216名体育教师中，经常能拥有专业和职业自豪感的教师占比只有12.4%，接近七成（68.1%）的体育教师，只是偶尔才拥有专业和职业自豪感，有高达两成（19.5%）的高校体育教师回答“从没有”专业和职业自豪感，这一比例高于“经常有”专业和职业自豪感的体育教师。这说明，地方高校体育教师的专业和职业自豪感是相对较低的。

笔者从职称的维度了解了不同职称教师的专业和职业自豪感情况，研究发现，随着教师职称的提升，教师的专业和职业自豪感，呈缓慢增长的趋势，但从助教到教授，教师的专业自豪感仅增加了不足10个百分点（8.8%），而不论是何职称，体育教师的“从没有”专业和职业自豪感的比例则均高于15.0%。这很明显地说明，地方高校体育教师的专业自豪感，是相对薄弱的，缺乏必要的专业自豪感作为内在动力，教师的专业发展则会受到很大的影响。试想，当一个人对自己所从事的职业缺乏必要的自豪感，缺乏必要的情感，则其能长期坚持地干好这项工作的概率会显著降低（见图3-15）。

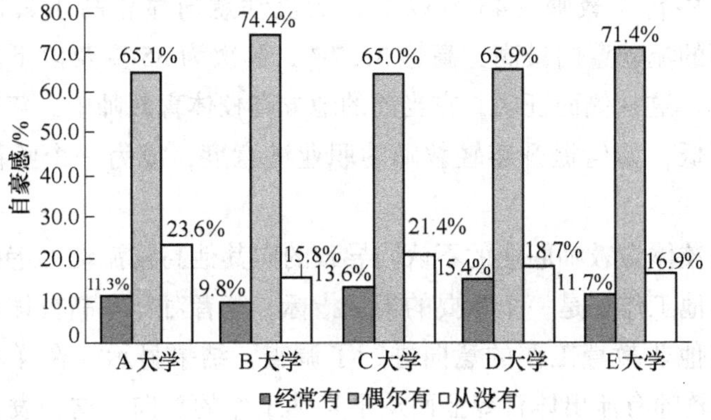

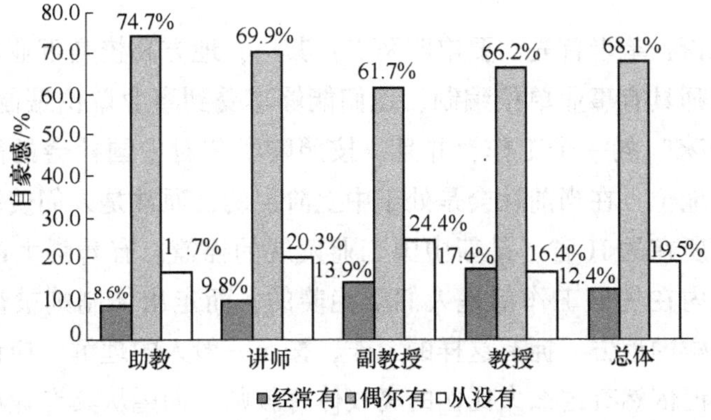

图3-15　样本高校体育教师对其所在专业的自豪感

三、一定比例体育教师流动意向强烈

地方高校体育教师对其职业和专业的专业情感，可以从其是否有从该职业流动和流出该专业中充分地体现出来，我们先来看看地方高校体育教师的流动意向问题。当然，流动意向并不直接反应教师是否流动，但可作为教师流动行为的预测变量，地方高校体育教师想流动到其他学校，离开其当前的学校，则说明教师对本单位的职业情感是缺乏的。

笔者的调查显示，有一定比例的教师想流动到其他学校任教，这一比例高达20.0%多，显然这一比例还是比较高的，这说明当前的地方高校体育教师，对其本单位的职业状况是不满意的，他们想以流动来摆脱这种不满意，进而获得更为满意的工作。在不同职称和年龄的体育教师群体中，教师的流动意向是存在显著差异的，也表现出一定的规律性。从职称的角度看，助教和讲师职称的教师流动意向明显高于副教授和教授职称的教师，其中，讲师职称的教师流动意向最高，高达36.7%，而拥有正高级职称的体育教师的流动意向最低，只有11.6%。从年龄的角度看，中青年教师（45 岁以下）的流动意向显著高于其他教师，其中36~45 岁教师的流动意向最高，高达 36.7%，其次为 35 岁及以下的教师，所占比例为 31.2%。这从侧面证明，在当前的地方高校体育教师中，年轻教师对其职业的满意度更低，如何提升年轻教师的职业满意度，成为一个亟待解决的问题(见图 3-16)。

除了对高校体育教师职业的不认同导致的向其他高校流动的趋向外，流出体育专业从事其他工作也是一个重要的衡量指标。笔者对样本高校体育教师流出体育专业从事其他非教育工作的意向进行了调查，结果显示，在样本高校中，有14.9%的体育教师有流出体育专业而从事其他工作的意向，这一发现让笔者感到惊讶。

之所以惊讶，笔者首先需要申明两点：其一，地方高校是事业单位，在这些学校工作的教师具有事业单位编制，他们能够享受到事业单位编制的各种利好，是所谓“金饭碗”的一个工作，并且，按照陆学艺对中国社会的阶层考察，高校教师的职业地位，在当前社会是处于中上阶层的，通常是人们羡慕的对象；其二，样本高校所在的 H 省，是新中国工业发展的摇篮，有着强大的国有经济思维，在体制之内在任何工作都是人们所艳羡的，而走出体制则被认为是不明智的。就是在这样的地方，拥有这样的工作，按照一般人的理解，应该是要感到充分满足才好。但依然有这么大比例的高校体育教师，期望从其专业中跳出来进入市场其他行业，这足以说明当前地方高校体育专业对身处其位的教师，缺乏足够

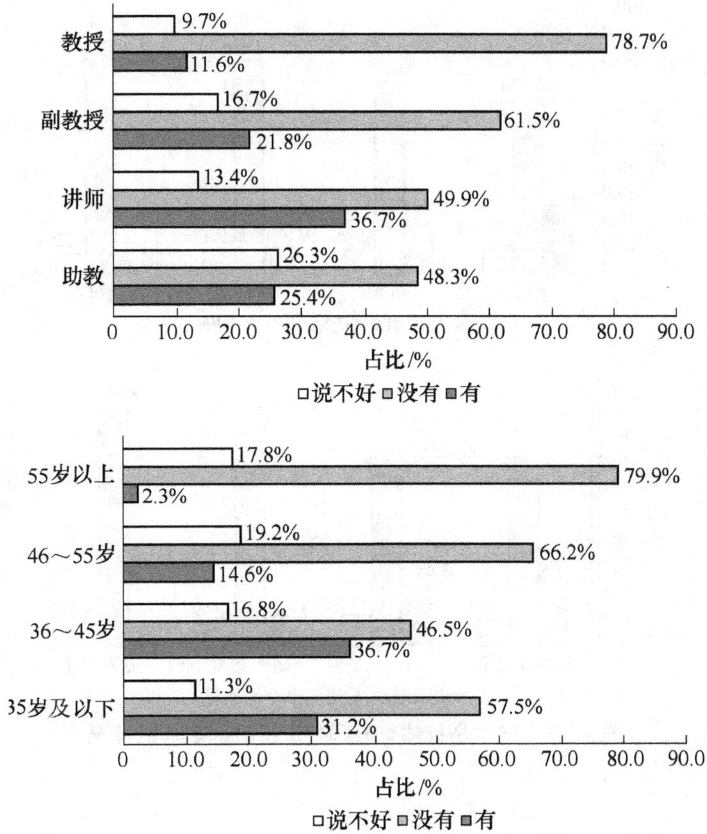

图 3-16　样本高校不同年龄和职称体育教师流动意向情况

的吸引力，他们的专业获得感、专业荣誉感在当前的地方高校中不能获得满足，因而他们有一部分人有意向跳出这个专业，进行另外的生活规划。对于地方高校体育专业而言，这是潜在的人才流失倾向，应该引起学校、学院等相关主体的重视（见图 3-17）。

综合以上诸多分析，我们能够发现，地方高校体育教师面临着专业知识发展机会不足、培训机会少、形式单一和效果不彰的问题，在专业技能的发展方面，则面临着学校层面的重视不足，教学任务的两极分化严重等问题，在专业情感的发展方面，则面临着专业和职业的认同度较低，专业荣誉感薄弱，工作满意度低及流动意向较强等问题。因此，在高校体育教师专业的发展过程中，作为外在的地方高校、学院等相关主体，应该加强就体育教师的相关培训，并努力激发教师的专业发展动力，作为主体的体育教师，应该努力提升自己的专业发展意愿，努力成为一名优秀的高校教育和科研工作者。

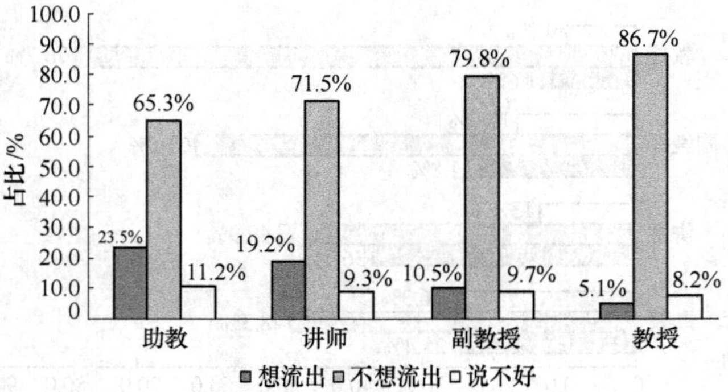

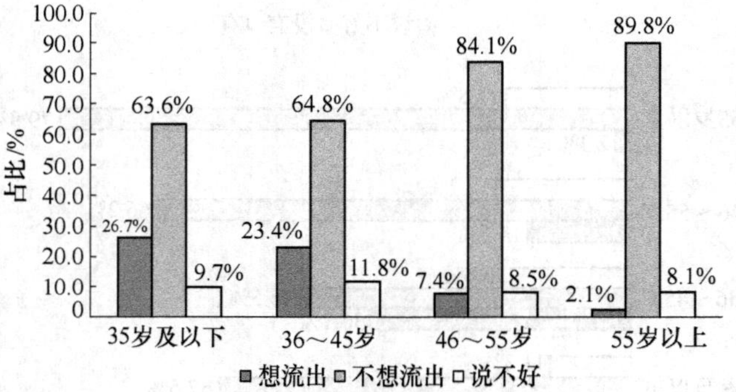

图 3-17　样本高校体育教师想流出教师职业的情况

第四章
制约地方高校体育教师专业发展的原因分析

对于高校体育教师个体而言，影响其专业发展的因素可能来自两个方面：一是外部环境，即学校和学院的一些阻碍其专业发展的因素；二是教师自身，教师是否具有专业发展的意愿和主动性，也显得至关重要。按照内外部因素共同作用于事物，且外因通过内因而发挥作用的辨证主义理解，高校体育教师自身的主动性，对其专业发展尤其重要，但学校等外在的阻碍体育教师专业发展的因素，也必须尽量详细地考虑。因此，在本章内容中，笔者就样本地方高校体育教师专业发展受限问题，进行归因分析，归因总体从两个方面展开：一是外部因素，包括政策及制度环境的相关消极影响，以及学校层面在发展规划和管理等方面，对体育教师的相关消极影响等，以及在教学实践中的一些可能影响因素的发掘；二是内部因素，主要探究地方高校体育教师在专业发展方面的积极性不高问题，以及自身专业知识结构存在的缺陷等。在本章的研究中，主要采用了15个深度结构访谈样本的相关资料，对笔者的论据进行佐证。

第一节　政策制度方面的因素

学校作为一个社会大系统之中的组织实体，其深受社会环境的影响，对于高校的发展而言，政策和制度的规约作用十分明显。地方高校作为我国高等教育系统中低于部属高校的一个等级存在，其所能获得的资源支持，相比重点高校要相对少一些。因此，在发展上也会受到一定的限制。并且，在当前几乎所有高校都以科研为主的大环境下，教师在教学方面的专业发展，也不是很受重视，其能为教师的专业发展提供的培训也相对单一。这都造成了地方高校体育教师专业发展受限。笔者从政策和制度的角度出发，对影响当前我国地方高校体育教师专业发展的因素，进行必要的探究。

一、地方高校在高等教育政策环境中的弱势地位

从当前我国高等学校的总体分布看，可以看出明显的等级差距。985工程高校和特殊专业部属高校属于第一层级，这些高校拥有最好的学校建设环境，能从教育部等主管部门获得最多的教育资源，也因为其绝对优势地位，这些学校在高

考招生的选拔性考试中占有最有利地位，获得最优秀的学生资源，同时，普遍来讲，这些学校也拥有最优质的高校教师资源。985 工程高校属于我国当前高等教育中最优势的一类高校。其次为 211 工程大学，这类学校的数量相对 985 高校为多，是仅次于 985 工程的大学集合，在当前的高校序列中处于第二层级，这些高校能获得的资源虽然较 985 高校为少，但比其他省属院校要多很多。

而处于我国高等院校第三层级的，是省属重点高校，同省属普通高校相比，这类学校在省域高等教育资源的获得上，占有绝对优势，在省级高等教育相关政策的制定、出台上拥有更多的话语权，其所能获得的教育资金支持也最多。尤其是近年来省级重点建设大学风潮兴起的背景下，为了使得本省域能够有一所乃至多所在全国产生影响力的高校，各省级教育主管部门在教育资源的配置上，有意识地向省属重点高校倾斜，其所能获得的教育资源相较以往多出很多，也比省属普通高校要多出很多。甚至在一些富裕省份，省属重点大学所能获得的教育资源，要高出 211 高校很多，其也受到了省级教育主管部门和政府层面的多方面优惠政策。随着这种大体量投入的持续进行，近年来部分省属重点建设大学，不论在师资质量、生源结构，还是科研成果等方面，已经超出 211 高校，呈现出强劲的发展势头。

处于当前我国高校第四层级的是省属普通高校，这类高校占省属高校数量的大多数，由于历史和现实原因，这类高校的发展基础相对薄弱，通常也缺乏足够的发展潜力，在当前省属高校的教育资源的竞争中，也处于不利地位。省属普通高校通常能够从省级教育主管部门层面获得的教育资源相对有限。因此，不得不精打细算地过日子，其师资质量的发展，也受限于资源过少而难以有显著的提升，生源质量也常年徘徊在省属高校的中下游。

处于我国高校第五层级的，是各种职业技术学院，但职业技术学院的生存境况要普遍好于省属普通高校，原因在于近年来国家和省级层面对职业教育的不断重视，职业院校获得了发展的政策和资源良机，为了发展好职业院校，为社会培养更多高质量的职业应用型人才，不论是政策还是资源，近年来都出现了向职业院校倾斜的趋向。

因此，纵观当前我国高校的分布序列可以发现，在政策和资源的配置中，省属普通高校处于最劣势地位。且我们都知道，我国的省际发展差距巨大，单从国民生产总值的角度看，有些东部发达省份的体量，甚至在西部后发省份的十倍以上，这样巨大的省际发展差距，也明显地体现在对省属高校的资源投入多寡上。尽管都同样是省属高校，假若都能获得相等比例的教育资源，但由于各省在高等教育投入上的资源总量差距悬殊，因此，不同省份省属高校所能获得的资源也会存在悬殊差距。

笔者所调查的 H 省五所地方高校，有两所属于省属重点建设大学，三所属于省属普通大学。从省级教育主管部门资源投入的角度看，两所省属重点大学能获得的资源要高于三所省属普通大学，但由于H省的总体经济发展相对比较普通，样本高校所能获得的教育资源，相对发达省份省属高校要更少一些。在教育资源的获得，地方高校与部属重点高校相比处于劣势地位，而在政策的受惠性方面讲，地方高校也处于相对劣势地位。

这种劣势地位主要在三个方面表现出来：其一，导向性政策上的弱势地位。举例而言，在2015年国家强调要重点建设一批大学，使其成为世界一流大学和一流学科，在这种导向性政策中，地方高校普遍被忽略了，由于自身发展的相对薄弱，这一政策所受惠的高校均是传统的重点大学，地方高校基本与此无缘。有些省级政府也相应出台了一系列政策，希望本省的省属高校也能够在世界一流大学和一流学科建设中占有一席之地，但这些省份通常是经济相对发达的省份，具有雄厚的资金支撑，能够有足够的力量引进优质师资，能够为学校配备更好的硬件支持，但相对于经济发展水平居于国内中后阶段的H省而言，这样的投入显然是不可能的。因此，这种导向性政策对地方高校而言是被忽略了的。

其二，在政策制定上的弱势地位。在高等教育政策的制定中，传统重点高校拥有很高的话语权，因此能够在某种程度上影响高校发展政策的制定，使得其有利于自身的发展，这种资源是地方高等院校所缺乏的。地方高等院校通常只能按照规划执行国家的相关政策，但并不能影响政策的制定。因此，关于本校发展的诉求，也通常难以在教育政策中得到实现。在政策制定中缺少话语权是地方高校普遍面临的问题，但这是一个竞争性的社会，既然不能拥有话语权，那么便只能被话语权所规约，受制于已经被框定好的资源限制。

其三，地方普通高校不仅在国家层面教育政策的制定中缺乏话语权，而且在省级高等教育政策的制定中，也缺乏足够的话语权。在省级高等教育相关政策的制定中，省属重点大学拥有更多的话语权，他们会努力将自己的发展诉求写进政策文本之中，而劣势高校的相关诉求则通常会遭受忽视。因此，这三个方面的弱势地位，往往进一步强化了省属普通高校的弱势和边缘地位。

地方院校也是分三六九等的，像咱们省那个×××大学，同样是省属大学，可人家在省属后面还有“重点”两个字呢！人家的资源就比我们学校要多得多，首先一点，人家学校教师的工资就比我们高挺多啊！像我们这些普通的本科院校，基本就是挣扎在生死线上，没钱、没人、没资源，人微言轻啊！（D-V-X-S-HD）

既然地方高校在高等教育政策和资源上，缺乏足够的话语权而处于弱势地位，则其学校的整体发展会受到相当程度地限制。那么，作为学校子系统的体育学院，自然也得受这种大环境的限制，对体育教师专业发展的影响，也是显而易见的。在笔者所调查的样本高校，体育学院教师对这种资源的差序化配置，也满是意见，但囿于其所处的环境，通常只能默默承受，并在这不多的资源获取中，努力使自己的利益最大化。但样本高校在高等教育政策和资源中的弱势地位，往往决定了其在本校教师的专业发展中，所能投入的资源是相对有限的，这严重影响了地方高校体育教师的专业发展。

有钱了办啥事就都容易了，没钱啥事都难办。就说教师培训吧，人家有钱的学校，请有名的教授、学者给老师讲，还经常请，人家能请的起！我们一年也请不起一个，上次请××大学的那个×××来讲，听的老师还挺多的，就在学院最大的那个教室里，学生、老师都去了不少，最后都坐不下了……那都是好几年前——2011 年的事了，这几年都没请过一个有名的人来……主要是学院穷，没钱，请人家来一次，怎么说也得给个几千块钱的讲座费吧！（A-N-S-F-WSH）

二、偏重科研而忽视教学的职称评定制度

在我国当前的高等学校，教师通常需要承担两个方面的重任：一是教学，作为教师，承担必要的教学任务是必然要求，是教师最基本的职能，一般而言，每所高校在每年都会对教师安排一定数量的课时量要求，教师只有在完成这些基本的课时量要求后，才能通过年终的考核。这是一个基本的要求，教师是一定要完成的，但教师完成教学工作量，其完成的是否优秀则与其最终的职称评定缺乏必然的联系，这便是当前地方高校职称评定中比较怪异的地方。

在当前的地方高校，在教师的职称评定中占有重要比例的，并不是教师的教学业绩有多高，而是教师的科研工作量有多少，科研工作完成相对较好的教师，在职称评定中会占有很大优势，而教学工作完成很好的教师，在职称评定中也通常难以获得晋升的机会。关于此一点，在网络上被人诟病已久，但要改变这种现状是很难的。曾经有四川大学的教师，在微博发文对高校职称评定中重科研而轻教学的现象进行抨击，引来网络中的一片欢呼，因为其切中了很多高校教师的苦衷，在高校教师群体中引起了很大反响。该教师几乎每年都是学校的教学成绩优秀者，但多年来一直无法晋升更高一级的职称，而原因则是其没有足够的科研成绩。在网络的狂欢过后，一切回归到本来面目之中去，该教师依然是教学成绩优秀者，依然晋升不了职称。

而笔者注意到另一个看似值得高兴的事，其后却也反映出教学成绩优异的高校教师难以评定职称的辛酸。河南大学的一位教师，教学成绩非常优秀，并且深受学生的欢迎，其从教几十年，却一直未能晋升副高级职称，临退休也是顶着讲师的职称。此事在网络曝出后，网络一片哗然，网友在为这位教师点赞的同时，也将矛头指向了河南大学的职称评定制度，认为其对这样的教学优秀者是不公的。最后的结果貌似是圆满的，河南大学追授这位教师副教授头衔，并且做了大肆的宣传，做出一副充分重视和认可教学优秀者的姿态。但这一事件的背后，则

是教学优秀而科研不够突出高校教师的辛酸历程。

当然，笔者这里谈到的是两个比较极端的案例，在这两个极端案例之后，是成千上万的高校教师，他们也同样教学成绩优秀，但苦于科研成绩不够出色，而默默地顶着低职称的头衔耕耘不辍。

你教书教得再好也没用，除非你拿省级或国家级教学名师那种的，要不然根本没用。评职称就是看你有多少科研成果，比如要求评副教授得有教育部课题，得有三篇以上 CSSCI 期刊论文，就是有了这些，你也不一定能评上，这只是说达到了评副教授的最基本要求，代表你有资格评了，但要真正评上，那肯定要比这个条件高出一大截才行……现在评职称多难啊，大家都盯着呢！（C-N-B-J-LQS）

当前地方高等院校教师的职称评定制度，有向国内重点大学看齐的趋势，在教师职称的评定上，侧重考查教师的科研成绩，而教师的教学成绩通常只被视作是辅助检查项，即教学业绩考核合理，就有晋升职称的资格，而教师的教学业绩是否突出，则与职称评定没有必然关系，当教师达到基本的教学业绩要求后，在评审职称的过程中，主要考察的是教师的科研成绩，包括论文的发表及获奖情况，以及课题的申报情况等。在此有明显倾向性的职称评定制度设计下，如同高考的指挥棒驱使着中小学教育逐渐走向了应试教育一般，高校教师的职称评定标准，也驱使教师为了发表论文和申请课题而终日忙碌，而与此同时，教师花费在教学上的时间和精力，则被严重压缩了，教师的专业技能成长，也逐渐被教师自己所边缘化。因为从理性的角度而言，要想获得好的教学成绩，得付出巨大的努力，其专业技能要不断地加以磨砺，这需要巨大的时间和精力成本，但从收益的角度看，这显然是不合适的。

因此，教师会将主要的精力和时间，花费在更有利于职称评定的工作——科研中来，对于专业技能的提升，则通常被他们有意无意地忽视了。笔者在访谈高校体育教师时，他们均表达了这样的观点：

现在给学生上课基本上就是糊弄，把教学工作量完成就行了，大部分的时间你还得用到科研上去……没办法啊，评职称就看你科研成果，没这个就评不了，你说怎么办？……我们学院有好几个老师，干讲师都好多年了，一直评不上副高，就差在课题上了，要说论文吧，他们都够了，实在不行花钱找人写、找人发，这个比课题要容易些，课题申请起来难度很大……但也得努力申请啊！（B-N-B-F-TJM）

偏重科研而轻视教学的职称评价制度，近年来在 H 省的地方高校有愈演愈烈的趋向，就笔者所在的高校而言，在 2007 年之前的教师职称评定中，虽然也是非常看重科研成绩，但对教学成绩也相对比较看重，远不是现在这样的情况，体育教师的教学成效，在职称评定中被完全边缘化了。从这种职称评定的执行效果看，的确在一定程度上提升了地方高校的科研成绩（但学校的科研水平是否真正获得提升则值得商榷，因为发表科研成果并不代表着科研成果是高水平的，在此过程中往往会有大量的学术垃圾产生），但却明显地降低了高校体育教师对于教学工作的热情。这种热情的降低，一方面表现在对教学技能发展缺乏热情，另一方面，则表现为对学生缺乏热情。正如一位高校体育教师所言：

现在的教师给学生上课，说的极端点，就是“两不认识”：教师记不住学生，上完自己的课，转身就走了，学生学得怎么样，有没有记住等，都好像不关老师的事；反过来，学生也记不住教师，现在的学生也不认真学，知道老师给他们糊弄，那他们也给老师糊弄，有些学生上了一学期课，都不知道老师姓什么。(B-V-B-J-LJH)

三、缺少对体育教师专业发展的激励机制

地方高校体育教师的专业发展，不仅对其自身的专业能力提升有很大的帮助，同时也对学院、学校教育质量的提升有显著的积极影响，这一点在中小学乃至大学都是普遍适用的。但要使得地方高校体育教师能够主动地，或有动力地进行专业发展活动，作为外在环境的地方高校以及体育学院，应该做出一定的支持姿态，建立有效的教师专业发展激励机制，让教师自身的专业发展与学校、学院的专业发展有机地结合起来，进而激发教师专业发展的意愿。但显然，根据笔者的调查，地方高校在体育教师专业发展中的激励机制是缺乏的，地方高校及体育学院对体育教师的专业发展缺乏足够的支持，甚至是相对漠视的，主要表现在三个方面：其一，对教师专业发展培训的普遍消极态度；其二，科研导向下的评价体制对教师专业技能发展的选择性忽视；其三，对专业技能优秀师资的奖励机制缺失。

下面就此三个方面的内容结合笔者所调研的情况，进行较为详细的展开。

据笔者的调查，首先，地方高校在对本校教师的专业发展培训方面，普遍持相对消极态度，主要体现在对教师专业发展培训活动组织的不够积极，以及组织的培训活动缺乏针对性方面。在组织培训活动方面，地方高校通常会采取消极态度，笔者曾就体育教师参加专业发展培训活动的情况进行了解，教师普遍反映他们很少有参加学校组织的教师专业发展培训，学校一般只对新入职教师才会组织一定时间和课时的培训，而对已经入职的教师，则通常不再组织培训，教师的专业发展处于自我发展状态。下面两位体育教师关于这一问题的表述有一定代表性：

刚进来这个学校的时候，学校有新教师培训，培训了大概是两周多些时间，

主要就是听听学校里那些优秀教师的讲座，必须得签到，做笔记，再完成一个微格教学，就完事了！(D-N-B-J-LYF)

自生自灭了，谁还管你啊，这都是自己的事儿，学校不管，你专业能力怎么样，需不需要发展，这都是你自己要琢磨的……学校就负责评你，你专业水平没达到，论文没发表够，课题没拿到，那就评不了职称，损失的是自己，学校才不管你这个呢！(A-N-S-F-WSH)

其次，前文已经讲述到了，当前地方高校普遍也向重点高校学习，确立了科研为导向的职称评定体系，在此背景下，教师的专业技能发展不再受到重视，科研能力才是学校所关注的方面。对于教师专业技能发展培训的活动，从学校的角度考虑，既不能为科研成绩的提升有所帮助，另外，还要劳师动众，花销不菲。这是一笔不够划算的买卖。因此，在此科研导向下，教师的专业技能培训被忽视了。笔者就此问题访谈了多名体育教师，他们对这一问题的解释，也在某种程度上印证了学校的态度：

你想想啊，现在高校最看重什么啊？是科研对不对？科研成绩靠什么撑出来啊？论文和课题啊！所以说，能发文章，能申请课题，那你就是学校的人才，得重点培养，因为有培养价值啊！但你教学好有什么用？高校排名中又不太看重这个……只要完成教学任务了，质量也别太说不过去了，就没人管了，大家都眼睛熬得红红的，盯着科研成绩呢！(C-V-S-F-ZHY)

……从学校的角度看，那些领导都不傻，他们这笔账算的精着呢：高校排名，最看重科研吧。科研的投入、产出远比你培养一个教学能力好的教师要容易，砸钱，出成果。你也知道，现在的科研，很多都是在办公室弄出来的，大都是学术垃圾，但学校就认这个啊……你把钱投到教师的技能培训上，那哪能立马见效呢？不说教师的能力提高需要很长时间，假如说教师的能力马上就提高了，那你不还得最终转化到学生身上，让学生的能力提高嘛！一两届学生的学习好了，那也不算啥，要年年都好，打出牌子，这得多少年才能实现……领导都是有任期的，在他那个任期呢，要出成果，要有政绩，就跟地方官一样。你把钱投到任期内难见效的事儿上，这不是傻吗？哪个领导都不会这么干的。(D-V-X-S-HD)

再次，地方高校不仅在教师的教学技能培训上面不够积极，而且对教学技能优秀教师也缺乏必要的激励机制。这与对科研成绩优秀教师的频繁和多样的激励政策形成鲜明的对比。单从年终奖励来看，教学技能优秀体育教师能获得奖励要远远少于科研成果的奖励。这一点在样本高校体育教师身上获得了验证。笔者对C大学体育学院一位公认的教学最好的教师进行了访谈，他的言论应该具有一定的代表性：

我连着三年教学考核都是优秀了，但没啥用，职称照样评不上，科研不行，论文倒是够了，就是缺课题……年终奖？没多少钱，一个教学优秀的奖励，就500块钱，还不如发表一篇核心论文的钱多。一篇核心论文，学校就给奖励最少3000，还有学院的奖励，加起来肯定比我这个要多……要论辛苦程度，谁都能看出来，一年时间多费劲，一篇论文我想肯定没这么费劲。(C-N-B-J-LQS)

第二节 学校方面的因素

尽管在当前我国高等学校的序列中，地方高校尤其是后发省份地方高校处于相对劣势地位，但作为一个组织实体，地方高校在办学定位、学校发展等方面也存在一些明显的特点。对于地方高校内部的教师而言，学校在办学定位和学校发展方面的短期或长期规划，都会对其产生较为深远的影响。对于地方高校的体育教师而言，其专业发展的状况与学校的发展有密切的关系。所谓学校兴，则教师兴，明确的办学方向和较为快速的发展，对教师的专业成长有很大的促进作用，而如果学校的发展相对沉寂，则教师的专业发展也会比较容易受到忽视，教师也很难在此大环境下独善其身地精进其专业能力，实现一枝独秀。因此，当前高校体育教师专业发展方面面临的一系列问题，与体育教师所在的地方高校在办学定位、管理文化，以及对教师的重视程度有紧密关系。在接下来的文字中，笔者就地方高校在发展上的一些问题，对体育教师专业发展可能产生的或消极或积极的影响，进行较为详细地探究。

一、学校缺少明确的办学定位

办学定位是一所学校立足自身发展现状，面对市场需求而坚持和努力实现的目标。不论是重点高校，还是地方普通院校，都均具有基于自身发展现状的办学定位。在这里需要注意两点：一是办学定位是基于自身发展现状的，言下之意是，要对自己学校的软硬件实力和特色有清楚的认知，这种认知要具有实事求是的态度，实事求是地认识到自己学校的现状，从而基于现状提出切实的目标；二是面对市场需求，高校肩负着为社会输送人才的重要职责。因此，其所培养的人才符不符合市场的需求，在社会环境中受不受欢迎，这一点至关重要。

高校作为社会之中的一个组织实体，不可能只关注自身的发展而忽略社会的需求，如果是这样，那这所高校便会脱离社会，最终避免不了衰落，甚至被淘汰的命运。但基于市场需要，依然要以对自身现状的客观、准确认知为基础，并不是市场需求什么样的人才，学校便不顾实际地去追求什么，犹如无根的浮萍，总归是要被巨浪所吞没。在明白了这两点之后，我们再来看看笔者所调查的H省五所地方高校，在办学定位上的一些问题，以及其对体育教师专业发展所造成的负面影响。

在考察五所样本高校所呈现的办学定位时（表4-1），笔者并非察觉到有何种不确定的问题，因为在每所高校的办学定位介绍中，均较为实际地提出了自己的办学指导思想。作为地方高校，立足当地，辐射全省，培养省域内所需要的各种专业人才，基本成为笔者所调查的五所样本高校在办学定位中的共同核心内容。

表4-1　样本高校办学定位一览表

样本高校	办学目标及定位
A高校	坚持立足H省，为地方经济建设和社会发展服务；坚持以教学为中心，把提高教育教学质量作为学校的生命线；坚持把面向基层培养应用型高级专门人才作为学校的根本任务，努力把学校建成有特色高水平教学研究型综合大学
B高校	学校坚持贯彻落实立德树人的根本任务，扎实培育和践行社会主义核心价值观，秉承“明德砺学，崇尚实践”的校训，坚持“稳定规模、提高质量、办出特色、服务地方”的办学指导思想，坚持质量立校、学科兴校、人才强校、依法治校，为全面推进高水平大学建设努力奋斗
C高校	坚持“稳定规模、调整结构、强化管理、提高质量、增加效益、创新发展”的办学方针，不断加快强校建设步伐，全面深化高等教育综合改革，努力建成以教师教育为特色的高水平教学研究型大学
D高校	学校坚持社会主义办学方向，以立德树人为根本任务，立足区域、服务H省，面向全国、辐射东北亚，秉承“育人为本、德育为先、能力为重、全面发展”的办学理念，恪守“崇德尚学、厚积薄发”的校训，坚持质量立校、人才强校、特色兴校、开放活校、文化润校，坚持和彰显教师教育特色，追求人才培养的卓越化，坚定不移地走内涵式发展道路，致力于建设特色鲜明的地方高水平师范大学
E高校	将紧紧抓住高等教育深化综合改革和省市共建的战略机遇，解放思想、与日俱进，坚定信念、振奋精神，凝心聚力、攻坚克难，向着高水平有特色的地方本科大学奋进

注：资料来源于样本高校官方网站的学校介绍。由于研究伦理需要，不再列出具体出处。

譬如A高校，其办学定位是：“坚持立足H省，为地方经济建设和社会发展服务；坚持以教学为中心，把提高教育教学质量作为学校的生命线；坚持把面向基层培养应用型高级专门人才作为学校的根本任务，努力把学校建成有特色高水平教学研究型综合大学。”其办学定位的主旨是立足本省，为地方经济和社会发展服务，坚持培养基层需要的各种专门性人才。再如C高校，作为一所师范型大学，其办学定位是：“努力建成以教师教育为特色的高水平教学研究型大学。”而对于同样是师范型大学的D大学，其办学定位是：“建设特色鲜明的地方高水平师范大学。”因此，单从官方网页所确定的办学定位来看，笔者并无未发现其办学定位上存在什么不确定性的问题。

但是，我们都知道，在中国的语境下，学校用以宣传的内容，与实际所秉持的内容，往往会发生错位现象。笔者在对样本高校的调查中，便明显地觉察出这种错位现象的普遍性。正是因为这种错位现象的存在，使得官方的办学定位，出现了不确定性因素。如果长期发展下去，笔者甚至感觉官方的办学定位，有可能会落成一纸空文。地方高校办学定位在宣传与实际中的错位现象，对学校体育教师的专业发展，则构成了相对消极的影响。但对这种错位问题的发掘，并不能通过官方的途径来获得，而必须得深入到学校之中，对身处其中的教师进行深度访谈，才能相对客观地明确这种错位的所在，以及其对教师专业发展的影响。

地方高校办学定位的不确定性，主要表现是官方宣传与实际操作之间的错位。譬如，A 大学是 H 省属重点大学，在其办学定位中我们发现了这样一条："坚持以教学为中心，把提高教育教学质量作为学校的生命线"，按理说，既然以教学为中心，教学是生命线，那么，教师的教学质量，应该是学校最为重视的内容，但事实却远远不是如此，而是恰恰相反，A 大学近年来最看重的，是教师的科研成绩而非教学成绩，这便与其官方所宣传的办学定位存在明显的错位。针对此问题，A 大学的一位体育教师如是说：

天天喊着教学质量是生命线，是学校的立命之本，但实际上呢？那都是说出来给别人听的，在这个学校工作了你就知道，所谓教学，也就那么回事，没有人会太在意你的教学质量怎么样，你的教学能力怎么样，最后拿来衡量你能力的，还是你能发表多少论文，申请多少课题，说得极端些，就是你能从国家这骗多少经费回来。(A-V-S-F-WF)

地方高校办学定位的不确定性还表现在缺乏一贯性，而是随着领导层的更替会发生戏剧性的变化。在前一任学校领导在任时，学校办学目标可能是以教学质量立命，为区域经济社会的发展输送高质量人才。但在下一任学校领导上任后，可能一改之前的办学定位，而换作科研导向，成为科研实力强劲的区域性重点大学等。领导层更替带来的办学定位的变化在地方高校中表现较为明显。

在笔者所调查的五所地方高校中，其中有三所是在领导层更替后，其办学定位发生了明显的变化，另外两所在领导层更替后，其办学定位尽管在官方宣传上没有发生变化，但在实际的操作中，却出现了明显的转向。当然，笔者并不完全否定地方高校办学定位变化的积极意义，因为时代的发展，学校必然得适应新的社会形势，跟随社会的发展而适当地提出切合实际的办学定位是明智的。但问题在于，学校紧跟了时代的脚步，但其办学定位却往往脱离了学校的实际情况，造成目标与现实的严重脱节。那么，受这种脱节影响最深的，则是地方高校的教师，包括体育教师。E 高校本来是一所在 2007 年的专科学校基础上升级而成的普通本科院校，其在刚升级成本科院校时的办学定位是："立足本地，培养社会需求的高质量应用型人才"，但在上一届领导退出后，新的领导层提出了"向着高水平有特色的地方本科大学奋进”的办学定位，单从字面上来理解，跨度也是很大的。E高校体育学院的教师对此也颇有微词：

该有的教学都抓不好，办什么高水平有特色的大学！明明是一个三流的学校，却要求有一流学校的追求，向着人家一流大学看齐，太浮躁！……刚升本那会儿，生源稍微好了些，那时候对教学抓的还是挺紧的，老校长退下去后，新来的这个×××就不太行了，有点太不接地气，说好听了就是野心很大，说不好听了，就是“浮夸风”。……现在搞什么科研评比，教师为评职称，都不好好教书了。(E-N-B-J-SL)

二、学校缺少鼓励自主发展的管理文化

一个组织实体的管理文化，对该组织实体内部员工的影响是深远的。如果这个组织实体的管理文化是相对开放的，尊重员工的个体发展，并能够提供一定的支持，那么，这个实体内员工获得更好发展的可能性会更高。而如果一个组织实体的管理文化是相对专制的，并且不够重视员工的诉求，那么，其员工能获得更好发展的几率会小很多。地方高校作为一个组织实体，其管理文化对其成员（教师）的专业发展产生深远影响。如果高校的管理文化是相对开放的，且鼓励员工进行专业发展，则该高校教师的专业发展可能会更好一些，但如果学校管理是相对僵化的，并且比较专制，那么，教师的专业发展在一定程度上会受到抑制。

笔者对H省五所样本地方高校的调查发现，作为地方性院校，其管理文化是偏向于专制的，对教师的管理总体比较僵化，而缺少对自主发展的鼓励意识。究其原因，笔者认为可能有两点至关重要：其一，高校所在的地理位置。笔者调查的五所样本高校有两所在省会城市，其他三所均在H省的地级市，距离省会城市均较远，H省本就是一个比较偏远的省份，而这些高校又处在H省比较偏远的地方。因此，其地理位置对人的思想观念会产生相对消极的影响。我们常会说，小地方的人思想观念比较狭隘，没见过大世面，其实具有一定的道理。因为较少接触更加开放的外部社会，在相对偏远和封闭的地方的人，会有一定的狭隘观念，并且，地方越小，人际关系网络便越熟络，对外部世界新事物的排斥性便越强。在政府和事业单位中，行政关系的等级性也越分明，人治的色彩也越浓厚。在某种程度上讲，人治其实是专制的代名词。因此，在远离省会城市的地级市的地方高校，其管理文化偏向于专制便不足为奇了。

其二，高校所在地的文化结构。关于这一点，我们有必要强调的是，在H省所在的区域是我国工业发展的摇篮，曾经有过辉煌的国营经济发展历史，尽管近年来经济发展速度有所减缓，并且成为区域经济出现衰退的一个典型样本，但老工业发展的基础是相对扎实的，其经济发展需要进行重大的转型，从倚重重工业逐渐转向轻工业和服务业，从倚重国营经济逐渐转向对民营经济的包容与开

放。但要做到这一点很困难，其中一个重要的阻碍因素，便是在长期国营经济的统治下，已经形成了根深蒂固的国营文化，这种文化偏重于固守，而惧怕于创新，偏重于安逸，而惧怕于冒险。这种思想观念深刻地影响着人们生活的方方面面。在地方大学的管理上，这一特征也体现得非常明显：领导层对学校的管理偏向于安稳，缺乏足够的求进精神，而教师也缺乏足够的自主发展意识。因此，导致样本高校体育教师在专业发展上，出现了一定的困境。

学校口头上也说是要教师多在专业上发展，要提高教学技能，提高教育质量，但却不给老师提供足够多的机会，也对老师去参加外面的技能提升培训有限制，课程给你安排得挺多，然后呢，又不让随便的去外面，你请假说去参加一周的培训，那就不得了了，肯定是不能批准的。(A-N-B-J-ZML)

缺乏相对民主的管理氛围，也对教师的自主发展持忽视态度，通常在不妨碍学校教学的情况下，一般不会对教师的自主专业发展进行管理，但要是妨碍了教学，那是一定不能去进行专业化发展的。并且，对教师专业发展的支持不够还充分地表现在资金消费的限制上。我们都知道，高校报销账目是让教师最头痛的问题，但对于笔者所调研的五所样本高校而言，体育教师报销其他账目是较为头痛，要报销自己专业发展去参加培训的账目，则是更为头痛，需要提供诸多的证据证明你参加了培训，要求极为严格。很多教师因为账目报销难的问题，取消了去参加外地举办的培训会议的安排。当然，从这个角度看，地方高校的管理文化的确是存在专制和僵化的一面，这种专制和僵化的管理体制，往往限制了体育教师的专业发展，不仅限制了为体育教师提供专业发展的机会，更为严重的是，其在客观上一步步降低了体育教师自主进行专业发展的意愿。当这个学校的教师缺乏自主发展的热情时，教师的专业能力便会停滞不前，甚至因为时代的快速发展而逐渐变得落伍并倒退了，这是需要引起地方高校注意的。

三、学校对体育教师的相对忽视

对于一所高校而言，普遍都会有十个以上的学院或系部，这些学院的发展并不是齐头并进的，而是存在显著的差异。有些学院发展的势头良好，包括有重点的学科，有在其专业领域内具有重要影响力的学者，以及良好的人才梯队，丰硕的研究成果，当然，这样的学院能获得的教育资源也是最多的。但也有一些学院，由于历史累积的原因，或者其他一些原因，未能获得很好的发展。这些学院不论是在师资队伍、学科建设，还是资源获得上均处于劣势地位。

随着我国高校对市场环境的拥抱日益深入，市场环境中的某些丛林法则逐渐在高校中显出成效：在地方高校中，具有优势地位的学院和学科发展的越来越好，他们能获得更多的资源，能用这些资源补给其专业和师资队伍的建设，从而进一步巩固和增强其学科相对于其他学科的优势地位。如果单从这个循环本身看，这无疑是一个良性的循环，如此往复，这个学科专业的优势地位将越来越明显。但假如将其放置在一所学校的层面来考量，则会发现一个并不和谐的现象：依照社会学的理解，这个社会之中的资源永远都是稀缺的，一些学院拿到了更多资源，那必然有另外一些学院被迫获得更少的资源。因此，在一些优势学院或学科得到越来越多资源的背后，是另一些学院拿到的资源越来越少的现实。

当然，在教育资源投入总量增长的情况下，这些劣势学院并不必然拿到的教育资源越来越少，甚至是逐步增长的，但不论其增长总额，还是增长幅度，必然是小于优势学院和学科的。在笔者所调查的五所地方高校的体育学院中，只有A大学的体育学院，在本校算是比较优势的学科，源自其在冰雪体育项目上的地理优势和后天努力，其他四所大学的体育学院，在本校中均处于相对弱势地位。

体育学院（或体育教研室）在地方高校（个别高校除外）中的相对弱势地位由来已久。在计划经济时代，这种弱势地位并不十分明显，平均主义的教育经费拨款模式，掩盖了学科在师资能力上的差异。但随着高校的市场化推进，这样的差异逐渐暴露出来。一些学科和市场的需求联系得较为紧密，所以能从市场之中获得一些收入，这种被称为是“创收”的方式，在高校之中普遍存在，并且成为高校教师收入的一个重要组成部分，学校层面也普遍鼓励学院进行这方面的创收。但对于体育学院而言，其与市场需求相结合的可能方式，要较那些理工科学院少很多。因此，在创收能力上普遍会差很多，这造成的直接后果，是体育学院教师的收入水平，要比其他优势学院教师少很多。这容易造成的一种假象，是由于学校层面对体育学院不够重视所导致的，但显然，直接的原因是来自不同学科特征所决定了的创收方式和创收能力上。笔者访谈的一位体育教师对此情况有过一些说明：

现在就是看学院，你学院有能力创收，那就本学院教师的津贴高，学院没有能力创收，那就津贴低，学校给你发的是基本工资。……有些学院可能创收了，我们学校像教育学院，每年的培训班不断，那钱就多得数不清了，教育学院的老师基本上都买车了……像我们学院，就差太多了，算是C大学最穷的学院了吧已经……（笔者问：那体育的创收情况如何？）差太多了，有谁要培训体育啊，国培也没有这项目啊……所以我们走出去，跟人家教育学院的教师一比，就感觉差人家一等。(C-V-S-F-ZHY)

除学院在创收能力上的不济引起的被边缘化现象外，在现实中，地方高校对体育学科和体育教师的重视程度不足，也是一个重要方面。我们都知道，当前的高校在各个方面资源的争夺中竞争都非常激烈，学校领导层也清晰地知道，将有限的经费投入到相对优势的学科和学院，能够更快地获得收益——更多的论文发表和课题获得，以及一些其他的科研方面的成就，而如果将经费均衡地投入到各个学科，则相反对任何一个学科的发展，都起不到大力的推动作用。尤其是在当前我国提出建设一流高校和一流学科的“双一流”大学的情况下，如何让已经具有优势地位的学科成为一流学科，是当前很多大学包括地方高校都在思考的问题。一方面，从理性的角度看，这的确是一项理性的投资计划，另一方面，从学校领导者的角度看，这也是其在任期内获得主政资本的最快速通道。但体育学院作为相对弱势或者平庸的学院，对体育学院的大力投资，显然同时违背了理性原则和资本获得原则，是极其不合算的。因此，在这样的背景下，地方高校的体育学院越来越走向边缘化了，体育教师的专业发展，也得不到学校层面的足够重视。

第三节 体育教师自身的因素

当然，教师的专业发展，从来不是学校和学院等外部环境一力所能承担的，即便学校和学院为体育教师的专业发展，提供了足够的条件，但这些条件的达成和发挥作用，最终要回归到体育教师本人。所谓外力通过内力而发挥作用，在此过程中，体育教师的内在学习动力，以及其自身的条件等变得十分重要。前文的分析已经很确定地说明，当前，地方高校在体育教师的专业发展方面，并未能完全尽到责任，但同时，据笔者调查，教师自身的发展意愿不足和自身知识结构的缺陷，以及专业发展渠道缺失等，都阻碍了地方高校体育教师专业能力的进一步发展。在下面的文字中，笔者就地方高校体育教师专业发展的自身原因，进行必要的剖析，以回应前文中政策制度和学校等外在原因，在体育教师专业发展中的作用为何效果不彰的问题，当然，尽管这些外部的规约力量，并不如想象中强大。

一、体育教师自身发展意愿的不足

前文已经讲到，教师的专业发展受两个方面因素的影响：一是外在条件的支持和规约；二是教师自身的发展意识，并且，从唯物辩证主义的角度看，外部条件通过内部条件而发挥作用。因此，教师自身的自觉意识对其专业发展，具有重大的影响作用。在前文的论述中我们看到，地方高校在体育教师专业发展方面，所给予的外部支持并不是很好，很多学校对体育教师的专业发展，持相对忽略的态度，那么，在此不利的背景下，作为发展主体的高校体育教师，他们自身的发展自觉意识，便显得更为重要。假若外部所给予的支持性条件不够好，而高校体育教师自身的专业发展意愿又不是很强烈，那么，最终的结果必然是，体育教师的专业发展会处于停滞期，甚至随着外部环境的快速变化，教师故有的知识结构，不能适应时代的发展，从而出现落后于时代的情况。这对于地方高校体育教师的专业发展，是极其不利的，要扭转这一局面，得先从地方高校体育教师自身的发展意识入手解决。

遗憾的是，依照笔者在五所样本高校的调查显示，地方高校体育教师的专业发展意愿普遍不高，尤其是年龄较大的体育教师，他们的专业发展态度相较年轻教师更为消极。在笔者询问他们关于专业发展培训的参加情况时，他们普遍持消极抵抗的态度，认为自己已经从事这么多年教学了，没必要再听那些培训的人在上面讲所谓经验，有些经验甚至不一定比他们自己的方法更好。一位四十多岁的体育教师的谈话，具有一定的代表性：

你教这么多年书，你肯定最懂学生啊，这个东西就是需要时间慢慢磨合，时间久了，什么样的学生都见过了，再碰到新学生，一眼看过去就知道他是哪个类型的，然后用那个类型的方法教育他就是了，一般都没错。……培训有些就是假大空的，一套一套的说辞，其实真正放到课堂中，都不管用。有些培训请来的老师讲得也比较好，就是那种教学经验也比较丰富的，但这些都差不多，他理解的，我们这么多年也理解了，所以也没必要去听……再说，都四十多快奔五十的人了，还培训啥啊！（D-N-S-F-WHF）

相较于年龄较大教师，中青年教师的专业发展意愿要稍高一些，但他们专业发展意愿的兴奋点普遍集中于专业知识的发展方面，而对高校教师另一项基本的能力——教学能力——的发展则持消极态度。我们都知道，教师的专业发展不仅包括专业知识的发展，还包括专业技能的发展。对专业技能发展的相对忽视，容易使得教师成为高校中的跛脚鸭，能力发展并不均衡。那么，即便如此，中青年教师对专业知识的发展的兴趣为何要相对较高呢？前文已经有所提及，这与地方高校普遍具有科研导向性的教师评价体系有关，在科研压力的要求下，教师必须寻求发表论文，申请课题，这些都需要教师不断在自己的专业知识积累方面持续进步，而正是这个原因，倒逼教师对自己的专业知识的进步，保持相对较高的兴趣。

但是，我们不得不遗憾地讲到，即便是这种被倒逼出来的带有较为浓重功利色彩的专业知识发展兴趣，往往也并没有转化为教师专业知识发展的内在动力，而是深受外在环境（学校和学院相关政策）的影响。在年轻教师尚未获得更高一级职称时，有了这一利益驱动，普遍表现出努力发展的趋向，学习相关知识，努力发表论文和申请课题。但当更高一级的职称获得后，便进入了松懈期。我们把这种情况叫做典型的任务驱动型专业知识学习，在任务（更高一级职称的获得）完成后，这种驱力便消失了。笔者所访谈的一位年轻副教授的谈话，具有很高的代表性：

大家都是奔着职称评定去的，没评上职称的，都努力地看书、发文章、写论文，但要是评上了，呵呵，基本上就都没啥动力继续学习了……用一句话说，就是典型的任务驱动型学习，任务完成，是该歇歇了，都抱着这个心态。所以你能看到好多这样的事：年轻的教师普遍都很努力，而年纪稍微大些的，尤其是评上教授的，就基本享受生活了，还做什么学术啊！（B-N-B-F-TJM）

二、体育教师自身知识结构不合理①

所谓知识结构，是指一个人经过专门学习培训后所拥有的知识体系的构成情况与结合方式，其主要包含两个方面的内容：一是个体在某方面知识积累的深度，二是个体在知识面上的广度。一般而言，良好的知识结构要求个体既具有精深的专业知识，又具有广博的知识面，具有事业发展实际需要的最合理、最优化的知识体系。对于个体而言，建立起合理的知识结构，培养科学的思维方式，提高自己的实用技能，才能使得个体适应当前社会的职业要求。

在地方高校体育教师专业的自身归因中，除体育教师的专业发展意愿相对比较薄弱外，教师自身的既有专业知识储备情况，对其专业发展的意愿和能力也产生影响。那么，教师的专业知识储备可以用什么来表达呢？可以用两个关键词来涵盖，一是量的积累，即教师在专业知识累积上的深度问题，只有教师在专业知识上占有了足够的量，拥有充分的量的准备，教师才能更好、更准确地从自己所学知识中为学生整理并讲授完整的内容；而如果教师在量的储备上存在不足，则教师在给学生上课中会显得比较吃力，也并不能保证讲授内容的完整性，甚至是正确性。关于这一道理，我们通常用一个俗语来表达，即“教师要给学生一碗水，自己必须得有一桶水”，即是说作为教师，其知识储量要远远高于学生要学的知识范畴，要能够完全地、准确或正确地解答学生在学习内容时所面临的疑问，才能更好地促进自己所教授的内容为学生所接受，并最终促进学生的发展。

二是结构的完善性，所谓结构的完善，其实不仅包含了教师在专业知识的学习上要在广度上有所拓展，并且在专业知识的各个细分领域或方面，教师要有一定的涉猎并基本达到理解的程度。只有这样，教师在为学生授课时，才能达到博闻强识，开拓学生的思维。而本书所谓地方高校体育教师自身知识结构的缺失，即指教师在专业知识的积累上通常较专，但缺乏对专业知识在广度上的完整把握。而这种自身知识结构上的缺失，对地方高校体育教师的专业发展会产生消极的影响。

我们首先来关注地方高校体育教师在专业知识深度上的积累情况。据笔者的调查显示，当前地方高校教师在专业知识的掌握程度上，相对比较好，但这种比

① 这里关涉一个重要的问题，就是谁是好的大学体育教师，或者说，好的大学体育教师应具有怎样的素养，具有怎样的知识素养。笔者以为，一个大学的体育教师首先是大学的教师，必须具有丰富的知识，可以结合体育课堂给学生全面的指导和影响。大学体育教师体育方面的知识再丰富，如果人文社会科学知识欠缺，其知识的结构也是不完整的，也会影响教育教学的效果。

较好的情况更多限于年轻教师群体，对于年龄较大群体而言，由于长期缺乏专业发展意愿，相对于这个快速发展的时代，他们久不更新的知识积累，已然变得有些落伍并僵化了。但对于年轻教师而言，这一点恰好是他们的优势，他们从高校毕业的时间不久，在高校学习过程中也掌握了更新的知识和理念。因此，当其进入工作岗位后，这种较新的知识构成和理念对学生的培养可能更有益处。因为他们的学生必然要在未来几年走向社会，要与这个社会发生关系，更新的知识积累，有助于他们在社会上获得必要的成功。关于这一点，在C校工作多年的中年教师的一番谈话很有代表性：

体育这个专业，很多是要进行不断训练的，让学生动起来，不断地练习，不断地重复，比如某个动作技能，要成百上千次的不断重复，学生才能做得标准，才能形成肌肉记忆，以后就不能忘了。……这几年进来的年轻教师，和我们这的很多老教师，在给学生训练时，方法的差别挺大的，年轻教师有一些比较新的方法，但老教师大多数信奉的是“不断练习”这个铁律，一遍一遍地，年轻教师有些会在学生做动作时，给学生录像，然后研究录像，哪里不对需要改进，大家一看一目了然，有针对性地改进，效果也还可以……有时候我感觉我们这些老教师真是落伍了……（C-V-S-F-ZHY）

尽管如此，但年轻体育教师也会存在一些显而易见的问题，譬如他们的知识较专，缺乏更宽的知识面。因此，我们认为当前地方高校体育教师的专业知识结构是不够合理的。当前的年轻体育教师中，拥有博士学位的比例越来越高，在博士阶段的学习中，他们通常就某一问题进行精而深的探究，在此阶段，要求他们有专而深的专业知识积累，但对专业相关知识的广度上的要求则有所不足。因此，年轻体育教师在专业知识结构中的短板，是知识的精深有余而博闻不足，即知识面有一定局限。这对于地方高校体育教师的专业发展，产生较大的限制作用。D高校某位年轻的体育教师的谈话，对这种现象具有一定的概括：

我们年轻教师可能有些新观念、新方法，这个可能有一定优势，比年龄大些的教师，但我们上课可能会比较枯燥些，除了给学生教授专业知识外，我们跟学生没办法像老教师一样谈笑风生，他们能把生活中的很多东西都揉进教学里去，一点都不违和，反而让学生觉得贴近生活，学生都比较爱听。我们尽管也比较努力，但这一点确实需要加强，不太会将教学和生活较好地结合起来。（D-N-B-J-LYF）

三、体育教师专业发展渠道的紧缺

地方高校体育教师在专业发展过程中，除自身专业发展的意愿相对较低，以及专业知识结构的缺陷而导致的困境之外，外在环境所提供的专业发展渠道的不足也是其专业发展困境的重要影响因素。这里的外在环境，主要指作为教师归属主体的地方高校及其他相关机构。依照相关的定义，教师专业发展的渠道主要有四类：一是师范教育，这是教师专业发展的基础和起点，即通常我们所说的教师的职前教育；二是新教师的入职辅导，主要由入职的学校负责，对于高校教师而言，通常是由本校有经验的教师进行现场指导，进行短期的系统培训，使新教师能够尽快转变角色，适应新的环境；三是教师的在职培训，包括校本培训，校本教研等；四是教师的自我教育，即教师的专业自我建构，这是教师专业发展的最普遍途径，是教师专业理想、专业技能，以及专业情感形成的关键。笔者的调查发现，在体育教师的专业发展中，地方高校及其他机构为教师专业发展所提供的机会并不算多，并且即便有一些机会，由于内容和形式安排的相对局限，对体育教师专业发展的提升作用十分有限。

下面，笔者就所调研的五所样本高校体育教师专业发展的渠道紧缺问题，进行简要的阐述。

地方高校体育教师专业发展渠道的紧缺，首先表现在作为责任主体的学校为教师提供的机会的相对匮乏上。就地方高校而言，在官方宣传或平日的宣讲中，对教师教学能力的重视是无疑的，但在实际的操作中，高校对教师（包括体育教师）的专业技能发展的培训并不够十分重视。关于这一点，笔者在前文中已有一定的呈现。在样本高校中，对教师进行的培训主要分为两种：一是入职培训，这是每所学校都组织开展的，尤其是近年来，对新进教师进行入职培训逐渐成为一项必备项目。这当然有助于新教师顺利实现从学生到教师的身份转变，并尽快适应新的学校环境。在具体的组织实施过程中，部分高校能够投入更多的资源对新教师进行比较负责的培训，但部分高校对新教师的入职培训，则相对要简单得多。在笔者所调查的样本高校，有些学校新进体育教师对学校所实施的入职培训颇有微词，但在同一学校，另一些教师却对学校的入职培训流露出欣赏之情，笔者对比了这两种情感，现摘录如下：

入职培训挺简单的，人事处和教务处组织了几堂讲座，大约八九堂吧。差不多每周两次，提前通知我们去参加，然后再参加一个基本理论的考试，背背题就能过。然后就把教师资格证发下来了，挺简单……我觉得这样挺好，没必要婆婆妈妈地，大家都科研压力挺大，哪来那么多时间去听这个。(E-N-B-J-SL)

（入职培训）有些太简单了，听了几次讲座，就没了，其实我们刚开始从学生转变到教师，很多不懂的，还是希望能多了解一些，包括这个职业，这个学校，但学校好像不怎么重视；或者挺重视，但给人的感觉是不够重视。(E-V-S-Z-LHB)

从中我们可以发现，对于同样的一所学校的入职培训内容，不同教师会有不同的解读，但总体来看，该高校对入职教师的培训存在时间较短且形式单一的问题。其中一位教师对这种形式表现出积极情感，可认为是该教师的专业发展意愿并不强烈的原因。

除去新进教师的入职培训外，笔者所调查的样本高校在平时对教师进行专业发展方面的培训比较少。这一方面源于地方高校在经费的相对紧缺，以及在学术影响力上的薄弱，换言之，在平时对教师的专业提升方面，一个主要的途径是请国内外相关领域的著名学者来学校讲座，就本学科的专业前沿知识对本校教师进行必要的普及，这是教师在职后进行专业发展的常见方式。但显然，地方高校相对于重点高校，在此一点上的差距是十分明显的。在笔者询问地方高校体育教师近年来参加学校和学院的专业相关讲座情况时，无一例外的是这些教师都表现出抱怨的情绪。因为每所学校和教师所在的学院，在此方面的表现均不够合格。有些体育教师在本校已经有好几年的时间没有听过专业相关的讲座了。E 大学一位中年教师向笔者抱怨的情况，能够反映地方高校体育教师在专业发展渠道上的困境：

学院好几年都没请外面的大家来讲座了！……我们学院比较穷些，请外面的人来讲座，一堂下来怎么说也得给人家给个三五千的，其实我觉得这个钱，学院还是能给的起的，就是不组织罢了。……你说我们现在每天被教学任务、科研任务压得不行，没时间出去看看，学校也不请外面的人进来讲一讲，越来越闭塞了，不和外界沟通，那肯定不行的，就越来越落伍了！（E-N-S-F-ZGS）

第五章
地方高校体育教师专业发展的推进策略

专业发展是提高地方高校体育教师提高自身专业素养，优化体育课堂教学质量的必然选择。体育教师的专业发展，首先需要顺应大的时代环境和教师职业的整体发展趋势，与高校体育教学实践对体育教师的总体要求相一致，以“既能传授体育知识和技能，又能培养学生的情感与方法，既能发挥自己的主导作用，又能尊重学生的主体地位，既能确保体育课的‘体育’意味，又能发展体育课的‘教育性’”为专业发展的目标。同时，在遵从教师专业发展一般性要求的前提下，教师专业发展还需要有一定的促进条件，这些条件，既包括自身主观的条件，也包括外在客观的条件：就主观条件而言，体育教师的专业发展，首先是体育教师自己的“事务”，受制于他专业发展的意愿，教师只有认同专业发展，将专业发展视为一种自身的内在需求，才能有更加持久的专业发展动力，学校的各项政策也才能发挥其效用；就客观条件而言，体育教师的专业发展，也是地方院校的“事务”，学校越是以积极的姿态鼓励体育教师专业发展，越是实施一些有益于体育教师专业发展的政策和制度，就越是能够为体育教师的专业发展创设良好环境。在本章中，笔者将首先分析课程改革和教学改革背景下，地方高校体育教师专业发展的应然取向，进而在此基础上，循着“内因决定事物发展的方向”和“外因为事物发展提供条件”的思路，去探究促进地方高校体育教师专业发展的内外在条件。

第一节　明确新时期地方高校体育教师专业发展的应然取向

价值取向的选择为教师专业发展提供了方向指引，体育教师的专业发展应坚持一定的价值取向，以合理的价值取向引领他们的专业发展。当然，这种价值取向并不是恒定的，它会随着体育教育实践和教育观念的变化而变化。明确符合时代发展变化趋势、符合教育实际需要的教师专业发展价值取向，是我们提出更具时效性的地方院校体育教师专业发展对策的基本依据。

一、以往体育教师专业发展取向的误区

（一）强调“忠实执行”的体育教师专业发展取向

以往的体育课程观，多强调课程实施的忠实取向，要求体育教师严格按照课

本和教学计划的既定安排执行教学任务，至于课程的设计理念是什么，课程内容选择的标准和编排方式等并不需要教师进行太多的思考。在这个过程中，体育教师尽管也在努力发挥自己的主动性，尽可能把体育课上得生动活泼、富有趣味性和知识性，但是，和体育课程中那些预先设计好的内容相比，教师依然是一个没有太多专业自主权的被动执行者，他作为教育专业者的身份，以及体育教师对于个人意识并没有得到足够的尊重。

这种“忠实执行”的倾向不仅会影响日常的教育教学工作，而且也会作用于教师的专业发展领域。具体而言，就是在体育教师专业发展的过程中，从观念方面来看，多要求教师完整地再现课程，而不是根据自己的经验或者意愿改造课程；从内容方面来看，多要求教师要重视对既定教材、教学大纲的反复研读，要能非常熟悉大纲中所规定的教学内容、教学方式、教学进度；从能力方面来看，多注重对教师教教材、问教材、考教材能力的培养，强调体育教师在教学中要能准确、高效地向学生传递大纲规定的体育知识和体育技能。所以，在这种“忠实执行”价值取向的观照下，体育教师越是能够将教材内容（或设计好的教学内容）“原汁原味”地“传导”给学生，就越是达到了专业发展的预期和要求。

基于“忠实执行”观念的体育教师专业发展价值取向，让体育教师的独立性、个性、创造性都无法发挥和张扬，“体育教师和学生在课程与教学中的主体地位的丧失，不仅否定了教学过程中知识的主观属性，也否定了教学过程作为师生共同的生活过程和人生过程的现实性，而且最终把教学过程窄化为‘教教材、学教材、考教材’，甚至滑入‘考什么、教什么，教什么、学什么’的怪圈。”①另外，由于缺少专业自主，体育教师的专业发展的意愿和能动性也会被逐渐削弱，其专业发展经常会陷入“被人推着走”的尴尬境地。反之，如果我们尊重体育教师的专业地位，赋予他们在课程、教学方面较高的专业自主权，使其不仅会教课程，而且会设计、优化课程，能够将自己的意识和观念真正引入课堂，会在一定程度上解决体育教师专业发展动力不足的问题。因此，基于自主，注重个性、倡导自觉的专业发展取向，是新时期体育教师专业发展应坚持的一种基本取向。

（二）强调“运动技能”的体育教师专业发展取向

长时间以来，学校体育实践中其实一直存在着“体育”与“教育”的争论，前者主张以“体育”为中心，强调体育知识、技能在体育课程中的重要性，认为体育课的目的就在于对体育知识和技能的传授，后者主张以“教育”为中心，强调体育活动的教育价值，认为体育知识、技能是体育课中达成“育人”目的

① 董红刚，方新普．论体育教学改革与校本课程开发［J］．体育与科学，2009（1）：91.

的手段而非目的本身。

将“运动技能专业化”作为体育教师专业发展价值取向，是当前体育教师培养和发展的主流。体育课特别是大学生体育课，作为一项区别与其他专业课程的特殊课程，其培养目标应区别与专业课程，这是人们的共识，但对于教师专业与否的评价却更加趋向于“运动技能”决定论，即专业的体育教师应该具备一项以上较高水平的运动技能。当前的体育教师培养以及体育教师招聘中都明显体现“运动技能”导向，在体育师范专业的教学培养过程中，对学生的培养重点强调技术的熟练掌握和动作的规范性，对于学生的考核仅仅考核动作完成情况，而对于学生是否能够在教学中合理运用，是否能够顺利组织教学缺乏重视；在体育教师的招聘中，招聘学校对体育教师招聘的首要标准，往往都是运动技能水平，甚至直接将运动员等级作为招聘标杆，往往一些其他专业的体育特长生，在招聘中更加具有优势。“运动技能”的专业化发展价值取向，对于体育教师专业化发展具有明显的局限性，它将体育教师局限于学科专业化却忽视了职业专业化，并且将学科局限于单纯的运动技能也是非常狭隘的。

对这一问题的辨识，需从明确学校体育以及体育课程的概念开始。学校体育是学校教育的组成部分，根据《学校体育教育手册》对学校体育给出的定义：“学校体育是指在以学校教育为主的环境中，运用身体运动、卫生保健等手段，对受教育者施加影响，促进其身心健康发展的有目的、有计划、有组织的教育活动。”① 而学校体育的构成要素——体育课，则是“以身体练习为主要手段，以增进学生健康为主要目的的必修课程。它是学习课程体系的重要组成部分，是实施素质教育和培养德智体美全面发展的人的必不可少的手段。”②

从两个概念中其实可以看出，无论是宏观层面的学校体育，还是作为学校体育微观构成要素的体育课程，其实都在强调“身体运动是手段”“身心发展是目的”“学校体育是教育活动的一种”等观点。因此，从本质上来说，尽管学校体育的内容要素中包含着大量的体育技能、体育知识，但它的落脚点依旧在教育而不是体育（尤其不是竞技性质的体育），它不应以追求“更高、更快、更强”的竞技体育观为引导，也不应过于强调体育运动的技巧、难度，而要重视所选择的知识、技能和活动，能否对受教育者产生积极的教育意义，能否有效地促进受教育者的身心健康发展。

由于学校体育以“教育”为基本要义，所以，体育教师的专业发展就不能像运动员那样，将对他们运动知识和技能的提高作为核心任务，而是要兼顾“教育”和“体育”两方面的素养，并以“教育”为中心。然而，在现实中，体育教师的教育素养，并没有受到足够的重视，地方院校在选拔和评价高校体育教师

---

① 于小霞．学校体育教育手册［M］．天津：天津人民出版社，1998：1.

② 潘绍伟，于可红．学校体育学［M］．北京：高等教育出版社，2008：40.

时，反倒更加看重教师运动技能水平的高低、参加比赛成绩的好坏，“人们评价一位体育教师是否‘专业’，主要就是看其自身是否具有或曾经具有相对较高的运动技术技能水平”。①

当然，体育教师的特殊性，决定了他们必须掌握较高的体育运动技能才能胜任体育教学，但是，过于偏重体育技能的评价标准使得“运动技能”的价值取向，在我国地方高校体育教师专业发展中长期占据着支配性地位。高校体育教师或许有着规范和熟练的技术动作，但却缺少对何谓体育教学、如何构建良好的师生关系、如何将体育知识和技能以更符合学生身心特点的方式传递给学生、如何在体育教学中促进学生的全面发展等问题的深入思考，使得他们的教育观念、教育教学技能这类教育素养无法得到更新和提高。

体育教师专业发展的“运动技能”取向，对体育教师专业素养的理解略显狭隘，只是将体育教师的职业技能局限为“运动技能”。在这种价值取向下，体育教师往往热衷于各种形式的体育技能训练，且容易把运动训练的过程与方法直接套用在体育教学上，导致体育教学表现出“严格的纪律性”“运动负荷中心的教学设计”“‘达标’为主的体育教学评价”“单一的运动技能训练”等特征，学校体育本应具有的趣味性、文化性、多元性难觅其踪，教学过程僵硬枯燥。

（三）强调“个体本位”的体育教师专业发展取向

相对于中小学体育教师，地方院校高校体育教师的管理方式比较松散，很少会有集体备课、集体教研、统一的教学进度等要求，教师只要保质保量地完成教学任务，就基本达到了学校的工作要求。这样的管理方式，为教师专业发展的个性化、多元化提供了自由宽松的空间，教师可以根据自己的需要和意愿选择专业发展的内容与方式，而不必拘泥于特定的要求和统一的步调。但与此同时，在这种管理方式的影响下，地方院校体育教师的专业发展逐渐形成了一种侧重于“单兵作战”的“个体本位”取向，即教师专业发展几乎完全变为了与教师共同体没有太多关联的个人事务，教师有没有专业发展的意愿，具体要发展哪些素养，需要用怎样的方式达成专业发展的目标，都由教师个人决定和实施，群体的力量在此过程中很少被借助和使用。

前文已述，体育教师的专业发展，确实是在教师自主意识驱动下展开的一种的专业行为，教师个人的所想、所思和所做也确实在很大程度上决定了他的专业发展所能达到高度和水平。然而，教师在专业发展中所需要的自主性和独立性，并不等于就是要让教师完全依靠一己之力去“闭门造车”。毕竟，面对现在这个知识更新速度不断加快的时代，一个人的能力和视野是极其有限的，我们总是需

① 黄爱峰，王健．论体育教师专业“运动技能取向”的超越［J］．天津体育学院学报，2005（5）：19.

要借助集体的智慧和力量去博采众长，克服个体思维的有限性。同时，也总是需要借助集体的共同思考，去发现、弥补教师个体在专业发展中的存在的不足。因此，“个人本位”的体育教师专业发展取向，尽管给了每位教师以很大的自由发展空间，但也会导致教师之间缺少交流与合作，每个人的专业发展，会很难得到来自体育教师共同体内部的专业支持和帮助，长此下去，可能会给教师的专业发展带来一定的消极影响。

二、新时期地方高校体育教师专业发展的应然取向

（一）地方高校教师的专业发展要坚持“激发教师专业自主意识”的取向

传统的体育教学都采用计划性的统一教学，课程设置单一死板，这些课程内容由少数相关专家和教育部门来决定，并且统一执行，由于各学校条件不同，学生特点同样千差万别，依靠少数专家和机构不可能照顾到每所学校、每个学生，设置的课程在适应性上就会存在很大的问题。传统的教学中并没有赋予学校和教师对课程内容进行改动和调整的权利，这种自上而下的计划式课程设置体系，不仅适应性难以得到保证，还容易造成教师的惰性和依赖性。长期以来，在体育教学过程中存在着接受学习和机械训练等现象，在固定课程设置的框架局限下，体育教师的自主性受到了极大地压缩，这种现象也在所难免。固定的课程和教材成为传统体育教学的中心，教师成为教材的讲解员，教师机械地教，学生被动地学，教师“教教材”，学生“学教材”，考试“考教材”。

随着新体育课程标准的全面实施，学校体育改革也进入了一个关键的时期。但课程改革关键在于课程实施，“新标准”在实施中也出现了一些“教学目标、任务”问题，一味的“兴趣”“娱乐”，有失体育意志、勇敢、人格的培养过程。课程实施是建立在具有体育目标、任务和本校的各种条件基础上的渐进的过程。因而课程改革必须尽可能地对课程及其所处的历史、社会、文化语境展开全方位的考察。充分理解课程所可能涉及的各种复杂因素。我国地域辽阔，学校众多，各自条件千差万别，这就决定了学校体育的发展绝不是一个模式可以统摄的。因而，体育课程建设与改革，必须突出各省市、各地区、各学校的个性。根据自己的条件，结合自己的特点，发挥自己的优势，从实际出发，走自己的路，进行创造性的改革。

为此，我们就要用课程实施的“相互适应取向”和“课程创生取向”，替代“忠实执行取向”。课程实施的忠实执行取向，重视教师对上级课程的忠实执行，忠实程度越高，则教师就越是达到了教学的要求和预期。究其本质，这是一种“防教师”的课程观念，“其僭越了教师的课程自主权并通过教师这一‘复印机’的角色将课程文本‘复制’给学生。在‘防教师’型课程改革模式下，教师被

剥夺了参与课程研制和对其他课程事务进行决策的权利，成为了忠实地执行课程文本的‘文化复印机’。”① 与之相对，“相互适应取向”则把课程的实施当成是教师个人、地方、学校彼此间相互适应、逐渐调试的一个过程，而“课程创生取向”则是把教师也当成是课程的设计者，强调真正的课程不是预先设计好的，而是教师与学生联合创造新的教育经验的过程，国家课程和地方课程只是可供选择的课程资源。

从以上概念可以看出，无论“相互适应取向”还是“课程创生取向”，都没有把课程视为一种既定的存在物，也没有把课程奉若权威，教师对课程的实施，并不是一种“墨守成规”的“搬运”过程，而是要积极参与课程的建设，使得课程更加适合教师本人以及学生的经验，更容易被学生理解和接受。

“相互适应”和“课程创生”是课程实施的必然趋向，体育课程领域自然也不例外。推动体育教师参与体育课程的建设，需要体育教师拥有较强的专业自主意识，他们只有努力改变教师是“教书匠”的传统角色定位，进一步地激发体育教师的专业自主性，将自己视之为教育领域和课程领域的专家，在课程建设和课程实施中扮演更加积极的角色、承担更多的责任，才能更好地适应课程的发展趋势。

在专业发展中，激发体育教师的专业自主性，首先要提高体育教师的责任意识。体育教师的责任意识属于教师职业道德的一方面。这种责任意识的形成，需要学校引导体育教师理解自己在学生发展，以及课程建设中所承担的重要角色，地方高校要逐渐让教师认识到“体育教师应是课程实施过程中的关键人物，是课程改革的践行者。在课程改革中，应将校本课程开发过程与体育教师的专业发展整合在一起，体育教师不单纯是课程的接受者，同时也是课程的创生者和研究者。”② 同时，地方高校还需要引导体育教师改变以往“教教材”的习惯，认识到已经编排好的课程内容不仅没有对课堂教学做出限定，反倒只是在为实际的教学内容提供着素材和资源，而自己依照学生特点和需要，对课程进行的优化与完善，将会是实现“预设课程”向“建构课程”转变的关键，改变他们对于课程建设的惰性。

激发体育教师的专业自主性，还需要提高体育教师的信心。除了较强的责任意识，体育教师的专业自主性，还来源于他们的自信心。由于习惯于“忠实执行”的课程实施模式，再加之对相关课程理论、教学理论涉猎的不足，当体育教师面对积极参与课程设计和实施的要求，难免会在能力和信心方面有所缺失，觉得自己尽管能够胜任“教”的任务，但却无法进行课程的开发与设计。所以，针对这一问题，学校在体育教师专业发展的过程中，就要在培养他们对体育课程

① 胡庆山．体育课程实施主体论［D］．武汉：华中师范大学，2009：92.

② 董红刚，方新普．论体育教学改革与校本课程开发［J］．体育与科学，2009（1）：92.

建设责任心的同时，再去培养和增强他们对自身能力的信心，对于建设课程的信心，使他们敢于基于实际去调整既定的课程内容和教学方案，敢于对现有课程内容和课程实施中存在的问题做以修改，能够主动参与课程建设。

（二）地方高校体育教师的专业发展要坚持“以教育素养为核心”的取向

单纯地强调“技能本位”体育教师专业发展模式，是对体育教师培养的误区，是对体育教师教育的片面认识，运动技术技能不是体育教师专业化的核心，更不是全部，它仅仅是体育教师应该具备的一项基本能力和进行体育教学的前提条件。

但是，我们必须同时明确两点：第一，就体育教师职业而言，运动技能技术是其工具和手段。早在 1991 年国家教委颁布的《普通高等学校本科体育教育专业教学计划》中就将原“术科”定性为“体育手段与方法”。第二，体育教师的运动技能与运动员的运动技能是两个完全不同的结构形态。“从范围上看，体育教师的运动技能要求全面，即所谓的‘多能一专’或‘一专多能’，而运动员的运动技能则往往是局限于某单一运动项目；从技能水平上看，体育教师的运动技能没有很高的要求且没有体能的要求，往往满足教学要求即可，而运动员则追求的是运动技术的最优化和体能的极限性”。① 因此，单纯的运动技术不能成为体育教师专业发展的价值取向，一定的运动技能仅仅是体育教师职业方法手段层面的要求，不能成为体育教师专业发展的目标所在，不然运动员本身就是最好的体育教师。

通常认为，教师专业知识包括“教什么”的学科知识和“如何教”的教育知识，前者又被称为本体性知识，后者又被称为条件性知识。体育术科教学往往被认为是体育教学区别于其他专业教学的最重要体现，这种认识往往造成了教学内容上的偏差，教学中过于强调运动项目技术方法的学习，而很少涉及体育学的理论学习，也就是说只有教什么，而忽略了培养学生如何去运用运动技能进行教学。在传统的体育专业课程设置中，术科课程占比超过 50%，而教育学、体育学、心理学等课程占比极少，强调学科专业化、忽视职业专业化的状况彰显无遗。我们都知道，一名优秀的老教师与年轻新教师的最大区别，在于拥有丰富的教学经验，知道“如何教”，这就好比同一首歌曲，有的人唱得好听有人的却唱得难听，并不是因为歌曲本身的好坏，而在于歌手是否拥有优秀的演唱技巧。因此，这种“如何教”的条件性知识，才是体育教师的专业性所在。

丰富的体育知识和娴熟的体育技能，是体育教师开展教育教学活动的基础，

---

① 黄爱峰，王健．论体育教师专业“运动技能取向”的超越［J］．天津体育学院学报，2005（5）：20.

从这一意义上讲，强调体育教师的运动技能、注重体育教师专业发展的“运动技能”取向，确实有它合理的一面。然而，体育教师和运动员的体育技能是有差别的。一方面，在归属的领域方面，二者存在着不同，体育教师的体育技能是服务于体育教学的技能，重在向学生“教”，而运动员的体育技能是服务于竞赛的技能，重在与他人比；另一方面，如前所述，在范围和水平上，二者也是不同的。

因此，强调“运动技能”的体育教师专业发展取向，并不符合满足学校体育工作的实际要求，如果依旧在教师专业发展过程中过分强调运动技能，必将导致地方高校体育教师的专业发展，出现“有体育而无教育”的偏差和问题，即有学者指出的那样“仅凭有限的运动能力在普通大众眼里无法成为专业人员，甘愿选择‘吹吹哨、跑跑步、发发球’的简单生活方式，体育教师更没有了要求社会尊重自己的理由和资格”。[①] 也正是由于这样的原因，鉴于体育教师的职业特点，“运动技能”不应成为体育教师专业发展的基点，而地方高校也必须根据体育教师工作的职业特性，重新定位体育教师专业发展的价值取向，从教师作为一个体育教育专业者而非竞技体育从业人员的角度，思考教师专业发展的问题。

在体育教师专业发展中贯彻“以教育素养为核心”的发展取向，首先要求将体育教师视为教育专业者。作为从事学校体育活动的教职人员，体育教师是教育而非体育行业的专业者，他们以教育素养为其核心素养，其他方面的知识和技能都要为他们的体育教育实践活动服务。所以，体育教师在专业发展的过程中，就一定要对自己有非常清晰的定位和认识，认识到自己“教育专业者”的身份，能够将个人的专业发展服务于体育教学。

其次，在体育教师专业发展中贯彻“以教育素养为核心”的发展取向，还要优先发展体育教师的教育观念和教育技能。考虑到现阶段地方高校在选拔体育教师时“看重体育技能而轻视教育技能”的标准，体育教师在体育技能方面基本都能达到比较高的要求，但在教育观念和教育技能方面却存在着较为明显的缺失。但由于“体育尽管是身体的教育，但依然需要让学生既要知其然，还要能够知其所以然。如何才能做到这些，体育教师的专业理论水平的高低，决定着能否‘会教’并让学生‘会学’的程度”，[②] 因此，地方高校体育教师的专业发展，应该将对他们的教育观念的塑造和教育技能的丰富放在优先位置，让他们能够真正懂教育、会教学，知道体育课承载的任务绝不只是简单的技能训练，更是一种对人身心健康发展的全面干预。

第三，在体育教师专业发展中贯彻“以教育素养为核心”的发展取向，还要使他们了解一些有关于学生身心成长以及学习的基本规律。在当前的教育环境中，如何激发学生学习的主动性，如何使教师的“教”更好地服务于学生的

---

① 潘凌云，王健．主体性视阈下体育教师专业发展的真实意蕴［J］．武汉体育学院学报，2011（6）：98.

② 曾天山，于素梅．上好体育课，体育教师是关键［J］．体育教学，2014（2）：6.

"学"是非常重要和关键的问题，而要想让这些问题得到很好的解决，就要将有关学生的知识作为一项重要的学习内容。具体到体育教学领域，体育教学开展的前提之一就是对学生身体发育规律、运动技能掌握规律、认知规律的深入了解，明确了这些内容，教师才能保证体育教学在促进学生身心发展的同时，不会对学生的身体造成过重的负担。反之，如果体育教师不了解这些规律，就有可能不仅获得不了好的教学效果，甚至也许还会带来一定的运动伤害。因此，体育教师就要在自己专业发展的过程中，主动去学习和补充自己有关生理学、运动生理学、教育心理学、发展心理学方面的知识，从而为更好地引导学生学习做好准备。

（三）地方高校教师的专业发展要坚持"合作交流"取向

专业合作是教师专业发展的重要途径。尽管单个教师才是自身专业发展的主体，但单个教师的力量毕竟是有限的，他所获得的有关于教育实践活动的经验和认识，总会存在一些纰漏和不足。为此，从20世纪80年代开始，主张通过团队合作的力量促进教师专业发展，进而推动学校改革日渐成为国际教育界的一种重要思潮，正如加拿大学者富兰指出的那样，"合作对于个人的学习非常重要。如果我们不与人交往，我们能学到多少东西是有局限的。合作的能力不论在小范围还是大范围内，在后现代社会正在成为十分需要的能力之一。只要他思想开放（即提倡探索），个人的力量与有效的合作相结合将变得更为巨大。"①

上文已经阐明，由于相对宽松的管理方式，地方高校体育教师的专业发展，表现出较为一定程度的"个体本位"的价值取向。这种取向并不利于教师间的互动与合作，也不利于教师借助集体的力量，解决一些个人难以解决的问题，而"近年来的教育研究表明，学校成功的决定性要因，在于教师专业成长的合作关系的有无；教师专业成长的决定性要因，也在于校内教师合作关系的有无。学校的专业共同体的成熟度以及这种共同体所拥有的专业文化的成熟度，是教师成长的最大保障"。② 所以，在地方高校体育教师中提倡超越个体范畴的专业发展，提倡就每个人的需要和问题进行专业合作，可以打破个人思维和行为中存在的局限或盲点，成为体育教师成长的有效保障。

在实践中落实"合作交流"的取向，就需要在尊重现有的教师管理方式的前提下，加强体育教师彼此间的联系。具体来说，一方面，要利用集体会议、课余时间等，进行一些集体教研活动，集中解决与教学有关的相关问题，以此推动教师教学能力的提高。例如，可以利用例会、集体研讨的机会，就体育课的教学方案、教师们在教学过程中存在的困惑、体育课程资源的开发等问题展开研讨，从而以问题激起大家思想的火花，带动大家的集体思考和意见交流，深化对体育

① 迈克·富兰．变革的力量——透视教育改革［M］．北京：教育科学出版社，2000：27.
② 佐藤学．课程与教师［M］．北京：教育科学出版社，2003：248.

教学的认识。

另一方面，要利用团体的力量，进行一些科研项目的申报和研究，在研究过程中提高每一名教师的学术研究能力。提高体育教师的科研能力，是体育教师专业发展的重要内容。通过集体申报、研究一些学校体育方向科研项目，不仅可以以此为契机，使体育教师有机会在实际的科研过程中，进一步提高他们的学术研究能力，而且还可以通过频繁的交流和研讨，增强体育教师的团队合作意识，逐渐形成合作的氛围与习惯。

再者，要引入同行看课、评课的方式促进教师专业发展。为确保课堂教学质量，在大多数的地方高校中，已经建立了专门的教学督导队伍。然而，由于面向全校的教学工作，且督导人员的数量十分有限，地方高校教学督导监督的体育课程和他们个人的专业背景可能并不相符。换言之，教学督导提供给体育教师的，可能只是一般性教学改进建议，对体育学科的特点针对性不足。而要改变这一局面，就有必要建立体育教师同行之间的看课、评课的制度，充分利用体育教师的专业经验和专业背景知识，使每一名体育教师得到的建议更加专业，更加契合体育教学的特点。

第二节 激发地方高校体育教师专业发展的主动性

唯物辩证法内外因辩证关系原理不仅可以解释事物的变化发展规律，也可以解释教师的专业发展问题。在教师专业发展中，我们也可以看出内外因之间的辩证关系。当前教师专业发展的措施很多，教师根据自己的需要，制定专业发展计划，参加专业发展活动，从而提高自身专业素质的自主发展，本研究称其为教师自主发展，在这里可以视为教师专业发展的内因。有许多研究者和教师提出要重视教师的内因，部分研究者通过调查等方式，认识到在教师专业发展中内外因之间的紧张对立关系，部分研究者希望将内外因结合起来，共同促进教师的专业发展。

体育教师的专业发展是在多重因素的共同作用下实现的，而推动体育教师的专业发展，则是一个既在于调动内部积极性，又在于改造外部环境的系统工程。在地方高校中，推动体育教师专业发展的动力，是基于体育教师自身的专业信念和专业伦理，寻求对教师专业自主性的调动和激发，我们不妨将其视之为一种促进体育教师专业发展的“内部条件”。因此，探究推动地方高校体育教师专业发展的策略并保证其顺利实施，就必须寻找激发体育教师专业发展的内部需求，激发教师的专业发展自主性。

教师专业发展是一种自主行为，它必须经由教师个人实现，缺少了教师自己的参与和努力，就谈不上任何发展可言。因此，体育教师产生专业发展的需求和具有专业发展的意愿，在任何时候都是体育教师专业发展的先决条件，也是推动体育教师专业发展的第一着力点，“教师专业发展就是教师展现和构筑其自身主体性——自主性、能动性和创造性的社会实践活动。无视体育教师在其专业发展中的主体性，无论提出多么完美的发展策略和建议，最终只能是乌托邦式的口号，难以带来体育教师专业水平的实质性提高。”①

实事求是地说，在当前的大多数地方高校中，体育都很难算得上是核心学科，常常面临着学生不重视、学校不关注的尴尬局面，在这种环境的影响下，体育教师工作的热情和积极性受到了很大的影响，很多体育教师尽管会去认真地完成教学任务，但却并没有太强的专业发展动力和足够的进取心，以致长时间处于专业发展的停滞状态。为此，调动体育教师的积极性，使他们愿意为自己的专业发展投入时间和精力，就成为了促进地方高校体育教师专业发展的起始点。

体育教师专业发展自主性的提高，需要从两方面着手：一是牢固树立体育教师的责任意识和调动他们对待工作的进取心。地方高校教师个人的专业发展，是一个持续的发展过程，从根本上讲教师个人的意愿，决定了教师专业发展的深度和宽度。外部政策和制度的出发点，只是来源于学校和社会的需求，对教师专业发展的促进作用往往是阶段性的，只有教师个人对自身的特点和需求最了解。在教师专业发展的过程中，教师本人需要不断学习、自主思考、随时调整自身综合素质，以保证教师专业发展的持续性和全面性得到实现。地方高校体育教师专业发展动力不足的问题，和体育教师责任意识的缺乏，存在一定程度的关联性。学生对体育课的不重视，以及在上课时表现出的不够认真的学习状态，使很多体育教师出现了职业倦怠的问题，具体表现为对上课的热情不高，教学时的专注度不够，在课后缺少反思，也没有主动修改和完善教学方案的意愿，不愿意参与和申报体育教学相关的教科研活动等。

然而，“如果体育教师总想等到各种环境条件都具备了而后再去做本可主动而为之事，事实上就是对自己能动性的最大不忠。如果总是把那些自己应该担当的责任加诸于其他人，那就是在消极规避自己的职责。”② 因此，尽管职业倦怠的出现不全是体育教师自身的原因导致的，而且单靠体育教师自己的努力，也无法从根本改变这种状况，但唤醒体育教师作为体育教育专业者的责任意识和进取心、提高他们对工作的敬业程度，将会对这个问题的解决起到非常关键的作用。

为此，一方面，学校要加强对体育教师的师德教育，把敬业精神作为师德教育的核心内容，要让他们始终坚持对待体育教学工作的勤奋认真态度，始终有提

① 潘凌云，王健．主体性视阈下体育教师专业发展的真实意蕴［J］．武汉体育学院学报，2011（6）：96~97.

② 潘凌云，王健．主体性视阈下体育教师专业发展的真实意蕴［J］．武汉体育学院学报，2011（6）：97.

高自己专业素养的自觉性和内驱力，能够为更好地完成教学工作不断地付出努力。另一方面，学校也要把体育教师的执教态度，列为体育教师考评的重要指标，在教学督导、学生评教等环节中加大对体育教师执教态度的监督、考评力度，从而引导体育教师投入更多的精力到体育教学和与之相关的科研活动中去。再者，体育教师也要有对教学负责、对自己负责、对学生负责的职业精神。“学高为师，身正为范”，体育教师作为教师队伍的组成部分，一定要以“敬业乐群”的教师职业标准严格要求自己，一定要为学生的发展负责，认识到提高自己的专业素养，不仅仅是自己的事，也关系到学生、学校的发展。

二是要激发体育教师专业发展的主动性，还要改变学校管理者对于体育学科的态度和认识，重视体育学科和体育教师。在我国，青少年体质健康的形势并不乐观，根据历年体质健康测试的结果反映，我国青少年体质健康水平曾经在长达20多年的时间里，呈现出持续下滑态势。[①] 自2007年《中共中央国务院关于加强青少年体育增强青少年体质的意见》下发以后，如何扭转学生体质下滑的态势，如何使青少年体育加入到体育活动、体育锻炼中来成为了全社会共同关心和思考的问题。作为一种“身体教育”，学校体育直接关系着学生的身体健康状况，是提高学生体质健康水平最直接有效的途径。所以，在改善学生体质状况这场关系到整个民族的“战役”中，理应起扮演至关重要的角色。

事实上，为了提高各级各类学校对于体育的重视程度，教育部针对学校体育的时间、内容，做了很多严格的要求和规定，如教育部通过定期制定和发布《全国学校体育工作年度报告》，对学校体育教育开展状况和学生体质健康状况进行调查和统计，以此对一个地区的教育发展水平进行考评，甚至将其作为当地教育部门相关负责人员的绩效考核指标，并针对学生体质健康持续下滑的不良状况对相关单位进行问责。然而，即便如此，由于受整个人才选拔机制以及我国长时间以来“重文轻体”教育观念的影响，体育却并未由此成为学校教育的中心内容。具体到高等教育领域，尽管这些年高校中参与体育锻炼的人越来越多，但学生的体质状况与体育成绩，并不会成为评优、毕业、找工作的重要影响因素。所以，对绝大多数的学生也好，对高校管理者也好，体育和体育教师还是处于一种“不是那么重要的”弱势地位。

针对体育“理应重要，实际不重要”的状况，较为合理的办法，就是引导学校管理者逐步深化对体育和学校体育重要性的认识，使他们从学生的长远发展、和谐发展、全面发展审视学校教育的问题，减少过于看重短期结果的功利思维，树立“学生是国家和民族的未来，学生的体质和健康不仅影响着国家的经济

① 加强目标管理　深化教育改革　提升基础能力——全国学校体育改革发展综述［J］. 体育教学，2014（4）：10.

和社会发展，而且事关国家和民族的未来"① 的体育意识，不再仅仅把体育当作一种休闲，当作一种学生在校紧张学习生活的放松，转而重视课内外体育活动，重视体育教师的地位和专业发展。在这种新观念的引领下，学校的制度、氛围都会得到改变，体育教师在学校中的地位自然会逐渐提高，而他们的工作热情和对专业发展的主动性在此过程中，也会被一点点调动起来。

当然，激发地方高校体育教师专业发展的主动性，并不会一蹴而就，它是一个长期性的过程，既需要地方高等院校的管理者和学生逐渐转变当前“重文轻体”的观念，营造人人重视体育、人人热爱体育的文化氛围，也需要不断增强体育教师责任意识，提高他们工作的积极性，使他们产生专业发展的动力和意愿，而不仅仅停留在教学任务的“完成”层面。

第三节 创设引导地方高校体育教师专业发展的政策环境

政策环境是教师专业发展的保障条件。对体育教师而言，如果说学校管理者的重视能够为他们的专业发展创设良好的舆论环境的话，那么，学校制定和实施的那些有助于体育教师专业发展的政策，则是促进地方高校体育教师专业发展的实实在在的外在条件。

创设引导地方高校体育教师专业发展的政策环境，首先需要地方高校加强顶层设计，从制度上合理安排推动教师专业发展的各类资源。体育是教育的重要组成部分，教育的最终作用是为社会服务，体育教师作为社会组成中的一个分子，其专业发展必将依附于社会系统，体育教师专业发展的顺利进行，有赖于上层政策的支持。上层管理部门不仅要以领导的方式对教师专业发展提出要求，而且更要以自身管理的方式，使体育教师由被动地被领导转变为主动地寻求发展。对于上层部门的管理方式转变上，首先要从意识上做一个根本的转变，将自己从“管理者”的身份中脱离出来，成为推动教师发展的“服务者”，为教师提供更多、更好、更全面的服务，为体育教师专业发展提供更多的便利，以良好的政策条件保证体育教师专业发展的顺利进行。

为此，首先要树立教师专业发展的全员性观念，适当借鉴国外先进的教师专业发展理念，降低门槛，在高校中进行全面普及性的推广，使教师普遍参与进来。当前我国高校实行的以各种人才工程的形式，推动学术研究和高校教师队伍建设的方式，在科学性和合理性上值得商榷，采用这种小范围局限性的方式，推动教师发展是否能够适应当前需求、符合科学发展规律需要进一步探究。在这种

---

① 樊莲香，张德新，李静波．学生体质与健康事关中华民族未来的兴衰与存亡——对学生体质与健康状况下降问题的思考［J］．北京体育大学学报，2006（12）：1662.

工程性、小范围的人才培养方式局限下，高校年轻教师的专业发展逐渐被边缘化，而良好的教师专业发展环境，成为少数学者和专家的特权。仅仅依靠年轻教师自觉提高自身综合能力的愿望，来进行教师队伍建设和丰富学术力量是不现实的，故教师专业发展的普及，是当前社会的迫切需求。比如，地方高校制定促进教师专业发展的政策，需要考虑多方面的因素和平衡多方面的利益：从政策的受众看，体育教师只是地方高校教师队伍中的一个组成部分，学校在制定有关教师专业发展的政策时，不仅需要考虑体育教师的利益，还需要照顾到其他学科教师的利益；从资源的安排，教师的专业发展，涉及对人财物的分配与安排，学校在制定政策时，需要事先对这些资源做好统筹，确保资源安排的全面兼顾、重点突出。

鉴于这些多方面的因素和利益，学校就要在制定体育教师专业发展的相关政策前，着眼于学校教师队伍建设的整体布局，结合学校的现状与未来发展规划，考虑体育教师专业发展的相关问题，调配体育教师专业发展所需的各项资源。换言之，制定体育教师专业发展的促进政策，不能只把目光局限在体育教师这个群体里，而要在学校发展的总框架内，思考体育教师的专业发展问题，加强宏观层面的顶层设计，从而为制定出更加合理的具体实施政策做好铺垫。

创设引导地方高校体育教师专业发展的政策环境，还需要地方高校从政策对体育教师的专业发展适度倾斜和重点关注。在学校发展的总框架内进行体育教师专业发展促进政策的顶层设计，需要平衡好体育学科和其他学科教师间的关系，以确保学校中的每一名教师都会有所进步和发展。但是，这并不是说，学校有关教师专业发展的政策就要面面俱到，对每个学科都施以同样的考虑和关注。体育在高校中理论上的重要性以及现实中的弱势地位，决定了地方高校在制定教师专业发展的促进政策时，要有意识地予以体育教师更多的关注和支持，“要推动高校体育教师发展，首先学校需要改变对体育教学长期忽视的状况，建立有活力的激励机制，提高体育教师对工作的兴趣和专业发展的内在动力。”①

具体而言，首先，在制定直接关系到教师个人发展的政策时，地方高校要在兼顾各学科均衡发展的前提下，向体育学科适度倾斜，为体育教师的继续教育、学术交流、科研资助、职称评定等方面提供政策上的便利，从而使体育教师的专业发展有更加具体明确的规定和更有力的保障条件，改变体育教师在高校中长期以来的弱势地位。其次，在制定其他方面的政策时，地方高校要在相关人财物的配置和安排上，尽可能优先考虑体育教师，改善体育教师的生活条件和个人待遇，减少体育教师专业发展的后顾之忧，提高体育教师专业发展的自信心。

创设引导地方高校体育教师专业发展的政策环境，也需要地方高校建立对政

---

① 潘健．普通高校在职体育教师专业发展情况调查与分析［J］．体育学刊，2009（7）：74.

策实施的监督和反馈机制。政策只有落到实处方能体现其真正的效果和价值。要想真正推动体育教师专业发展，地方高校为体育教师专业发展制定的各项政策，就需要得到切实地执行，而要实现一目标，就要以权责明确、执行严格的监督和反馈制度为基础。

为此，一方面，地方高校在制定推动体育教师专业发展各项政策的同时，还要出台一些旨在监督政策实施状况的规定、制度，其中要明确规定这些实施监督的主体、监督的方式，从而使政策能够得到认真地执行；另一方面，地方高校还要建立体育教师专业发展政策实施的反馈机制，以教学督导队伍和体育教师为信息反馈的主要群体，摸清体育教师专业发展促进政策的实施状况，以及实施中存在的问题，及时发现政策落实缓慢或相关人财物配备不齐备的状况，确保学校为体育教师制定的各项政策，能够得到严格、高效的实施。

第四节 拓展地方高校体育教师专业发展的途径

多元化的专业发展方式和途径，可以提高和促进地方高校体育教师专业发展的实效性。以往的地方高校教师专业发展途径，多集中在学校组织的在职培训和教师个人的教学反思方面，作为比较常规和传统的教师专业发展途径，它们尽管对学校体育教师的成长是很有帮助的。但是，随着时代的发展，这两种方式逐渐出现了一定的局限性。

首先，就学校组织的在职培训而言，它的优势在于培训的内容较为系统，并有着很强的计划性和组织性，缺点在于由于是统一培训，所以培训的内容肯定会以照顾大多数为原则，这就很难照顾到教师的个别需要，以致培训的针对性和解决个人问题的实效性不足。其次，就教师个人的教学反思而言，这种专业发展的形式，由于是教师自己展开的针对个人问题的一些行动，它有效解决了统一培训针对性不足的问题，但与此同时，教师个人的教学反思，如果真的完全只是个人行为而缺少来自其他教师的建议或意见，那么，这种发展就会因缺少教师共同体的群策群力而成为一种“孤军奋战”以及“闭门造车”的行为。

上述分析可知，无论是学校组织的在职培训，还是教师个人展开的教学反思，都会带有一定程度的局限性。事实上，教师发展的任何一种途径，都不是尽善尽美的，试图单纯依靠某一种途径去推动教师的专业发展，往往很难取得理想的效果。所以，地方高校应尽可能拓展体育教师的专业发展的途径，使他们有更多、更加综合化的专业发展机遇和平台。

拓展地方高校体育教师专业发展的途径，有几个需要注意的问题：

第一，应重点拓展那些基于教学实践的途径。体育教师的专业发展，最终是服务于体育教育活动的，他们越是能够把握体育教育活动的基本规律，越是富有对体育教育活动的实际经验，个人进行体育教育活动的能力就会越强。当然，对规律的把握、经验的积累需要体育教师在实践中去观察、感受和学习，故而，基于实践、通过实践就当成为体育教师专业发展的主要方式。具体言之，一方面，地方高校要鼓励体育教师认真进行教学反思，归纳总结教育教学过程中的有益经验，发现问题，并通过专业合作的方式分享经验、找出解决问题的策略。另一方面，地方高校可以鼓励体育教师在他们个人的教育教学实践中，采取一些新的教育教学手段和方法，利用学习和使用这些手段方法的契机，完善他们的知识结构，丰富他们的教育教学经验，使他们在实践中提高自己的教育素养。

第二，应重点拓展那些能够开拓教师视野的途径。尽管近些年地方高校获得了长足的发展和进步，但必须承认的是，相对于中央部属的高等院校，它们拥有的资源和平台还是比较有限的。在这一局面下，地方高校就要鼓励体育教师“走出去”，通过与其他学校的合作，为体育教师搭建校外学习、考察、参会的专业发展平台和提供充足的资金支持。例如，地方高校可以和一些在体育教学或课余体育方面富有特色的高校，建立校际合作关系，或者组织本校的体育教师去实地考察这些学校的体育课、课余体育活动，开拓教师的眼界，或者支持本校的体育教师借助高访学者、进修、学历教育的形式，在这些学校中进行长时间的学习，充分了解和吸纳它们开展学校体育活动的有益经验。再如，地方高校也可以借助向中小学、社区提供体育相关服务的形式，锻炼学校体育教师在学术科研、人际沟通、活动组织等方面的实际能力。

近些年来，加强高校的社会服务能力，向社会提供各类形式的服务，已成为我国高等教育发展的一种重要趋势。体育教师参与这些社会服务活动，可以“倒逼”他们充分“在做中学”“做中求进步”。如利用指导中小学教师体育科研、体育教学的机会，可以强化地方高校体育教师的教学、科研能力；利用向社区提供技术动作指导、裁判、体育知识讲座等服务，可以进一步巩固他们的体育专业知识和技能。

第三，应引导和加强体育教师的专业反思。教师的专业反思，又称为反思性实践或者反思性教学。教师专业反思的主要目的，并不在于学习客观的理论知识和技术技能，它是通过对自身状况、已掌握的知识，并结合实践活动进行多种形式的“反思”，从而有利于更加深入地理解、掌握，发现其中的更深层的涵义，进而对自身进行全面适当地调整，最终实现反思性实践。

因此，要求当前高校教师应该具备一定的自主反思能力。要经常对教学实践中的环节，进行主动思考和研究，以反思的形式寻找教学环节中的问题，对现有的教学方法、教学内容等提出质疑，并思考科学合理的解决方法，扬长避短并寻求新的突破，进而使自己在积极的工作状态中，得到成长并获得解决问题的成就感，在不断的自我反思和自我调整中，寻找自身专业发展所需的养料，将专业反思成为一种习惯，提高反思效能，使自己的综合能力，不断得到提高和完善，推动教师专业发展快速有效的进行。体育教师教学反思是体育教师专业发展的基本途径之一，是新教师进阶为优秀教师的必由之路。专业反思能够将知识、技能进行剖析和深入理解，能够在一定程度上促进教师教学理念的形成和教育价值观的树立，使体育教师摆脱传统教学形式的束缚，强调教师发展的专业自主性，更有利于高水平教师队伍的建设和专家型优秀教师的培养。

良好的教学反思应该具有良好的自主性属性，体育教师的教学反思应该成为一种习惯，这就要求体育教师要能够充分理解教学反思的重要性，在此基础上还要掌握科学有效的反思方法和技巧，两方面因素共同作用，使反思成为教师成长的常规途径，在教学过程中自觉地运用，寻找实践中的问题，并寻求科学方式解决，从而优化教学过程，有效达成最终教学目标，提升体育教育能力。

另外，教学反思和体育教师自主发展意识是相辅相成的，教学反思应该具有自主性，反过来，教学反思对自主发展意识形成又具有一定的促进作用。体育教师能够通过自我主动的教学反思，及时地发现教学过程中存在的问题，以及自身理念存在的偏差，并且能够积极地寻求解决和调整方式，从教学中总结现代教学规律，提高自身业务能力，从而丰富自身教学实践，将单一的经验式教学行为转变成经验与科学相结合的方式。

教学反思的作用，不单体现在知识技能在教学实践中的运用方面，还影响到教师的思想认识。教学反思让教师对自己的教学行为有了更加深入的理解：体育教育不仅影响到学生个体和学校课堂，最终将会作用于未来社会发展，影响到社会其他群体。当教师通过反思逐渐认识到这一层面，对于他们责任心的建立有积极的促进作用。教师将对自己的工作更加认真负责，从而提高教师的责任感和使命感，更加有利于教师主动寻求专业发展。教学反思能够为体育教师独立解决问题提供科学性和逻辑性，从而提高教师解决实践问题的能力。教学反思有利于教师拓展自己的视野，将自身和周围的各种教育现象进行对比、结合，找出问题、调整方向、解决问题，最大限度地优化教师教学活动。

第五节 构建“自主—合作”型的地方高校体育教师专业发展模式

由于高校对教师的管理相对松散，所以以往地方高校体育教师的专业发展更多的是个人本位的专业发展。但实际上，专业合作对今日体育教师专业发展有着非常重要的意义，它可以有效克服体育教师“闭门造车”式的专业发展所带来的诸多局限。因此，展开深入的专业合作，形成教师“自主—合作”型的专业成长模式，是体育教师专业发展应然取向，也是体育教师专业发展的有效途径。

专业合作对于地方高校体育教师专业发展的意义，主要可以概括为以下两点：

第一，通过专业合作，地方高校体育教师之间可以加强个人专业知识的共享，实现个人知识的群体化和群体知识的个人化，从而丰富体育教师获取专业知识的渠道和来源。教师的专业合作行为，在本质上是一种专业人员的知识共享和互助行为。在教师群体中，无论是专家型教师还是新手型教师，都各有优势、各有所长，通过专业合作，新手型教师可以快速了解和吸收专家型教师长期积累而来的教学经验和智慧，从而加快自己的成长速度，专家型教师可以知晓新手型教师知识结构中存储的有关于本学科的最新发展动态和前沿知识，学习新的教育技术和教育方法，从而紧跟时代的发展。换言之，每位教师的知识都有值得分享的部分，而在专业合作中，可以将个人知识的价值充分激活，使教师的个人知识转变为群体所有，成为教师队伍的共同资源，使每一位教师从中获益。

因此，专业合作可以丰富地方高校体育教师获取专业知识的渠道和来源，推动他们的专业发展，就像加拿大学者迈克·富兰说的那样：“合作对于个人的学习非常重要。如果我们不与人交往，我们能学到多少东西是有局限的。合作的能力不论在小范围还是大范围内，在后现代社会正在成为十分需要的能力之一。只要他思想开放（即提倡探索），个人的力量与有效的合作相结合将变得更为巨大。”①

第二，通过专业合作，可以促进地方高校体育教师教学反思能力的提升。地方高校体育教师的个人反思，对其专业发展有着非常重要的意义。尽管教师的教学反思在更多地时候被当成是教师的个体行为，但是，个人的能力毕竟是有限的，教师一个人的反思很有可能因为教师思维和认识的局限性，而难以全面和深入。因此，建构一种教师集体参与、集体行动的群体性反思，对于提高教师反思的广度和深度，是大有裨益的，它可以借助集体的智慧和力量，发现存在于教师个人专业素养中的缺陷，发现存在于教师备课、上课环节中的缺陷，进而帮助教师个人在更广的范围内和更高的层次上，展开教学反思，完善自己的专业素养和专业能力，进而带动学校体育教育质量的提高。正如日本学者藤田英典所说：“近年来的教育研究表明，学校成功的决定性要因在于教师专业成长的合作关系的有无；教师专业成长的决定性要因也在于校内教师合作关系的有无。学校的专业共同体的成熟度以及这种共同体所拥有的专业文化的成熟度，是教师成长的最大保障。”②

打造“自主—合作”型的地方高校体育教师专业发展模式，首先需要引导教师群体形成互助互利、乐于合作的专业发展文化。由于教师工作主要是一种封

---

① 迈克·富兰．变革的力量——透视教育改革［M］．北京：教育科学出版社，2000：27.

② 佐藤学．课程与教师［M］．北京：教育科学出版社，2003：248.

闭性的角色工作，缺乏有意识的反思与对话。所以，“打破教师教学自我封闭的藩篱需要同事间的对话，尤其是批判性对话，敢于承认自己在专业发展过程中所存在的问题，寻求与同事间的合作与帮助，是体育教师走向自由自觉的具体策略之一。”[①] 尽管合作是一种行为，但专业发展观念的转变、合作文化的形成则是形成合作的第一步。

为此，地方高校要注重对教师专业发展文化的引导。其一，学校教务部门和各个教研室要在教师群体（不仅是体育教师，还应包括不同学科的教师）中，加大对专业合作作用的宣传，在学校内确立专业合作的典型案例，使教师认识到专业合作的意义和价值，改变以往过于看重独立钻研、独立反思的个体化专业发展观。其二，要鼓励不同学科、不同专业背景的教师展开科研、教学方面的合作，鼓励教研室进行集体备课、集体教研、集体学习等专业活动，对教研室集体申报、跨专业教师集体申报的科研项目予以优先立项。上述两方面的举措，旨在通过对专业合作的提倡，形成重合作、重交流的教师文化氛围，从而引导体育教师在个人专业发展的过程中，能够乐于利用、善于利用教师群体所能提供的各类专业资源。

打造“自主—合作”型的地方高校体育教师专业发展模式，还需要形成体育教师专业合作的有效形式。到目前为止，教师专业发展主要包括集体备课、同事互助指导、小组合作教学、合作科研等几种主要形式。这几种形式对教师专业素养发展的侧重点以及具体的操作方法各不相同，地方高校可以以多种形式“兼而有之”的办法推动体育教师专业发展。

打造“自主—合作”型的地方高校体育教师专业发展模式，还需要将体育教师的合作制度化、规范化。体育教师的专业合作不应是偶发性行为，而应成为一种长期、稳定的模式。为此，地方高校的体育教研室（或体育学院、体育组等）就集体备课、集体教研、集体学习等活动的时间、频次、组织形式、保障条件等在征询全体教师意见的基础上制定出明确的规章制度，从而使体育教师间的专业合作趋于规范，而不是间或性的发生。

---

① 潘凌云. 从自在自发到自由自觉——体育教师专业发展的突破与超越［J］. 武汉体育学院学报，2008（6）：95.

第六章
结　语

地方高校体育教师是一类在地方高校中从事体育教育教学活动的专业人员，而他们的专业发展，是一个理论问题，也同样是一个实践问题。厘清地方高校体育教师专业发展的相关理论，明确地方高校体育教师专业发展存在的现实问题，对于地方高校更具针对性和有效性地促进体育教师专业发展，提高体育教师队伍的业务能力至关重要。

地方高校体育教师的专业发展，是体育教师在地方高校这一特殊的高等教育领域中，为提高个人专业素养，依托一定的专业组织或培养机构，通过自我反思和教师教育，不断更新与完善个人教育观念、体育专业知识、体育教学技能的动态过程。其特殊性表现为：其一，由于体育教师不仅要具备娴熟的体育技能和丰富的体育知识，而且还要懂得教育和教学，知道如何将技能以恰当的方式教给学生。所以，地方高校体育教师的专业发展是体育教育观念、教育基本理论与技能、体育专业知识与技能的一体化发展；其二，由于地方高校有限的办学资源和发展空间、体育学科在高校中的弱势地位以及较少的自由支配时间，地方高校体育教师的专业发展获得的外在支持明显不足；其三，由于高校体育教学较高的工作强度和较低的质量要求，地方高校体育教师的专业发展的自主意愿较为有限。

地方高校体育教师的专业发展。首先，要发展他们的道德素养、知识素养、能力素养等作为教师的一般性素养，尤其要认真学习和严格遵守有关教师师德师风的规定和要求，并努力提高个人的政治素养和道德境界；第二，还要积极转变他们的教育观念，要认识到体育对人的全面影响，认识到体育教师在学习者全面发展中承担的综合化职责，将学生视为有自主意识、自主能力的学习主体，将自己视为教育活动的专业人员和课程的建设者；第三，要发展他们的专业知识和专业技能，鼓励他们去了解、吸收一些新的体育知识，学习新的体育运动技能；第四，要发展他们的教学技能和方法，强化他们的教育教学实践能力，使体育知识、体育技能能够和教育知识、教育技能更好地融合在一起；第五，要发展他们的专业情感和内在动机，使他们能够以积极的心态面对自己的优缺点，以科学的态度对待学生的发展，以爱岗敬业的精神投入自己的工作，并能将专业发展作为一种持久稳定的内在动机。

地方高校体育教师的专业发展，具有重要的现实意义：首先，通过专业发展，可以有效改进地方高校体育教师教育教学专业知识缺失、教科研能力薄弱、懂训练不懂教学的问题，引导那些由教练员、运动员转型而来的体育教师尽快转变身份和角色，尽快具备体育教师应有的知识和能力，尽快适应体育教学的工作，将运动技能和教育技能、竞赛经验和教学经验结合起来，打造高质量的体育课堂，提高作为一名体育教师的业务能力；第二，通过专业发展，有助于地方高校体育教师以更加先进的教育理念进行课堂教学设计，从而使体育课堂更加高质高效，使学生更喜欢体育课，通过体育课学到更多的知识和技能，养成良好的体育锻炼习惯；第三，通过专业发展，体育教师将有机会学习和掌握一些有关于教育、教学、课程方面的知识，提高他们的课程开发能力，有利于地方高校形成符合学校传统、利用学校环境的特色化的体育课程。

根据对H省五所地方高校体育教师的调查，从中发现：从地方高校体育师资的基本状况看，体育教师数量能满足教学的基本需求但校际差异也很显著，年龄结构较为合理且具有一定优势（年轻教师和年老教师均占据相对较小比例，而青壮年教师占据大部分比例），男性教师在体育教师队伍中占据主导地位；从地方高校体育教师的专业结构看，低职称教师偏多，高学历教师偏少；从地方高校体育师资的专业知识的发展状况看，体育教师对高等教育基本理论知识、职业素养及政策法规知识的学习还有很多不足，他们专业理论知识的更新速度也很缓慢，年轻体育教师专业知识发展机会缺乏。

另外，针对体育教师专业知识进行的培训，存在着形式单一且质量不高的问题；从地方高校体育教师专业技能的状况看，教学能力在体育教师的评价体系中难获得重视，体育教师在课堂教学普遍存在照本宣科的情况，针对体育教师教学技能的培训相对不足，体育教师群体对教学任务承担的两极分化严重，很多年龄较大、拥有高级职称的教师很少为本科生上课；从地方高校体育教师专业情感的状况看，年轻体育教师的工作满意度较低，体育教师的专业荣誉感普遍较弱，有不少体育教师存在较为强烈地向校外或其他行业流动的意向。

导致上述问题的原因有很多，但总体而言，主要从政策、学校支持、教师自身三个方面予以剖析：从政策制度方面来看，一则，在整个高等教育的布局中，无论是对教育资源的获得还是政策的受惠性，地方高校相比都处于一种弱势地位，它们能够为体育教师专业发展所能提供的资源和平台较为有限；再则，偏重科研而轻视教学的职称评价制度，明显地降低了高校体育教师对于教学工作的热情，削弱了他们专业发展的积极性；最后，地方高校缺乏对体育教师专业发展的激励机制，没有为对体育教师的专业发展提供足够的支持。学校方面来看，一则，很多的地方高校办学定位并不明确，不仅官方宣传与实际操作之间存在错位，而且定位也缺乏一贯性；再则，学校缺少鼓励自主发展的管理文化，有些学校的管理文化偏向于专制，对教师的管理比较僵化；最后，体育学科和体育教师在地方高校中处于边缘化的弱势地位，学校对体育教师专业发展的重视度不足。从教师个人来看，一则，地方高校体育教师的专业发展意愿普遍不高，尤其是年龄较大体育教师，他们的专业发展态度相较年轻教师更为消极；再则，体育教师自身知识结构缺失，他们往往缺乏对专业知识在广度上的完整把握；最后，体育教师的专业发展渠道较为单一且有限。

“强教必先强师”，地方高校体育教师的专业发展，事关体育课堂教学质量的高低，事关地方高校能否形成别具一格的办学特色，事关当代大学生的体质健康状况。推动地方高校体育教师的专业发展是一项系统工程。一方面，我们需要从观念着手，积极转变强调“忠实执行”、强调“运动技能”、强调“个体本位”等错误的体育教师专业发展导向，在体育教师专业发展的过程中要确立“激发教师专业自主意识”的取向，进而培养地方高校体育教师对体育课程建设责任心，增强他们对自身能力的信心，使其能够主动参与课程建设；要确立“以教育素养为核心”的取向，将体育教师视为教育而非体育行业的专业者，优先发展他们的教育观念和教育技能；要确立“合作交流”取向，在尊重现有的教师管理方式的前提下，加强体育教师彼此间的联系，强化集体教研、集体科研、同行评课等教师专业合作方式。

另一方面，我们需要从优化体育教师专业发展的内外在条件着手，一要改变学校管理者对于体育学科的态度和认识，形成重视体育学科和体育教师的氛围，并在此基础上，激发地方高校体育教师专业发展的主动性，提高体育教师的责任意识和调动他们对待工作的进取心；二要加强顶层设计，创设引导地方高校体育教师专业发展的政策环境，从制度上合理安排推动教师专业发展的各类资源，从政策对体育教师的专业发展适度倾斜和重点关注，并建立对政策实施的监督和反馈机制；三要拓展地方高校体育教师专业发展的途径，重点拓展那些基于教学实践和能够开拓教师视野的途径；四要构建“自主—合作”型的地方高校体育教师专业发展模式，引导教师群体形成互助互利、乐于合作的专业发展文化，形成体育教师专业合作的有效形式，并将体育教师的合作制度化、规范化。

到此为止，本书即将画上一个句号，但这个句号并不标示着本研究的完结。作为一名地方高校的体育教师，笔者对体育教师职业饱含着热爱，也充满了一份难以推卸的责任感。本人深知，如何推动地方高校体育教师的专业发展，永远都是一个“未完待续”的研究问题，也永远都是一个需要社会各界共同努力方能使其得到更好解答的问题。在今后的科研和教学工作中，笔者将进一步加深对此问题的思考，进一步获取相关材料，为这一问题的解答，为完成自己对体育教育事业的那一份责任感做出努力。

参考文献

[1] 曹湘君．体育概论［M］．北京：北京体育学院出版社，1988.
[2] 陈向明．质的研究方法与社会科学研究［M］．北京：教育科学出版社，2000.
[3] 陈雁飞．新中国体育教师队伍建设与发展之路［M］．北京：北京体育大学出版社，2009.
[4] 陈永明．教师教育研究［M］．上海：华东师范大学出版社，2003.
[5] 丛湖平．体育统计［M］．北京：高等教育出版社，2002.
[6] 邓宗琦．面向21世纪体育师资培养和体育教育专业改革与发展研究［M］．武汉：华中师范大学出版社，2000.
[7] 杜存锋，孙莉．体育新课程教学法［M］．北京：开明出版社，2003.
[8] 傅道春．教师的成长与发展［M］．北京：教育科学出版社，2000.
[9] 高发民．体育心理学［M］．济南：山东大学出版社，2001.
[10] 郭志明．美国教师专业规范历史研究［M］．北京：中国社会科学出版社，2004.
[11] 何齐宗，等．高师教育改革与教师发展［M］．北京：中国社会科学出版社，2006.
[12] 洪明．教师教育的理论与实践［M］．福州：福建教育出版社，2007.
[13] 胡英清．学校体育教师教育改革与发展研究［M］．桂林：广西师范大学出版社，2004.
[14] 黄爱峰．体育教师教育的专业化研究［M］．武汉：华中师范大学出版社，2007.
[15] 黄甫全，王嘉毅．课程与教学论［M］．北京：高等教育出版社，2002.
[16] 黄威，教师教育体制国际比较研究［M］．广州：广东高等教育出版社，2003.
[17] 季浏．体育（与健康）课程标准解读［M］．武汉：湖北教育出版社，2002.
[18] 教育部师范教育司．教师专业化理论与实践［M］．北京：人民教育出版社，2001.
[19] 金美福．教师自主发展论——教学研同期互动的教职生涯研究［M］．北京：教育科学出版社，2005.
[20] 金钦昌．学校体育学［M］．北京：高等教育出版社，1994.
[21] 靳希斌，教师教育模式研究［M］．北京：北京师范大学出版社，2009.
[22] Lynda Fielstein，Patricia Pweips. 教师新概念——教师教育理论与实践［M］．王建平，译. 北京：中国轻工业出版社，2002.
[23] 李瑾瑜，等．课程改革与教师角色转换［M］．北京：中国人事出版社，2006.
[24] 李晋裕．学校体育史［M］．海口：海南出版社，2000.
[25] 李其龙，陈永明．教师教育课程的国际比较研究［M］．北京：教育科学出版社，2002.
[26] 李祥．学校体育学［M］．北京：高等教育出版社，2001.
[27] 连榕．教师专业发展［M］．北京：高等教育出版社，2007.
[28] 联合国教科文组织．从现在到2000年——教育内容发展的全球展望［M］．北京：教育科学出版社，1996.
[29] 联合国教科文组织．教育——财富蕴藏其中［M］．北京：教育科学出版社，1996.
[30] 联合国教科文组织．学会生存——教育世界的今天和明天［M］．北京：教育科学出版社，1996.
[31] 梁晓刚，李伟民．体育教师的素质与基本功［M］．北京：人民体育出版社，2002.
[32] 刘传进．呼唤与回应：体育教师教育专业化课程改革［M］．西安：陕西人民出版

社，2010.
[33] 刘捷．专业化：挑战21世纪的教师［M］. 北京：教育科学出版社，2002.
[34] 刘清黎．体育教育学［M］. 北京：高等教育出版社，1994.
[35] 迈克·富兰．变革的力量——透视教育改革［M］. 北京：教育科学出版社，2000.
[36] 中共中央文献研究室，中共湖南省委《毛泽东早期文稿》编辑组．毛泽东早期文稿［M］. 长沙：湖南人民出版社，1990.
[37] 毛振明．体育教学改革新视野［M］. 北京：北京体育大学出版社，2003.
[38] ［美］马丁·登斯库姆．怎样做好一项研究——小规模社会研究指南［M］. 陶保平，等译．上海：上海教育出版社，2011.
[39] 欧用生．教师的专业成长［M］. 台北：台湾师大书苑，1996.
[40] 潘凌云．当代体育教师专业发展研究：基于教师主体性的视角［M］. 北京：北京体育大学出版社，2014.
[41] 潘绍伟，于可红．学校体育学［M］. 北京：高等教育出版社，2008.
[42] 钱杰，姜同仁．中国高等体育教育发展模式研究［M］. 北京：北京体育大学出版社，2004.
[43] 曲铁华，周晓红．教师学与教学论［M］. 长春：东北师范大学出版社，2005.
[44] 曲铁华．教师劳动价值论［M］. 长春：东北师范大学出版社，1999.
[45] 曲宗湖，杨文轩．学校体育教学探索［M］. 北京：人民体育出版社，1999.
[46] ［日］佐藤学．课程与教师［M］. 钟启泉，译．北京：教育科学出版社，2003.
[47] 邵伟德．学校体育理论与教改探索［M］. 北京：北京体育大学出版社，2002.
[48] 申继亮．教育反思与行动研究——教师发展之路［M］. 北京：北京师范大学出版社，2006.
[49] 申继亮．新世纪教师角色重塑——教师发展之本［M］. 北京：北京师范大学出版社，2006.
[50] 陶志琼．教师是谁——教师教育哲学导论［M］. 北京：中国文史出版社，2004.
[51] 王邦佐．优秀教师的成长与高师教改之探讨［M］. 北京：人民教育出版社，1994.
[52] 王健．体育专业课程的发展及改革［M］. 武汉：华中师范大学出版社，2003.
[53] 王卫东．教师专业发展探新——若干理论的阐释与辨析［M］. 广州：暨南大学出版社，2007.
[54] 徐碧美．追求卓越——教师专业发展案例研究［M］. 北京：人民教育出版社，2003.
[55] 杨贵仁．中学校体育改革的理论与实践［M］. 北京：高等教育出版社，2006.
[56] 叶澜，白益民，王枬．教师角色与教师发展新探［M］. 北京：教育科学出版社，2001.
[57] 叶澜．中国教育学科年度发展报告·2001［M］. 上海：上海世纪出版集团，上海教育出版社，2002.
[58] 中华人民共和国教育部．义务教育体育与健康课程标准（2011年版）［M］. 北京：北京师范大学出版社，2011.
[59] 应湘，向祖强．教师专业发展与学生成长［M］. 广州：暨南大学出版社，2007.
[60] 于胜刚．教师专业发展导论［M］. 北京：北京大学出版社，2015.
[61] 于小霞．学校体育教育手册［M］. 天津：天津人民出版社，1998.

[62] 余文森，等．教师专业发展［M］．福州：福建教育出版社，2007.
[63] 张维仪．教师教育——改革与发展热点问题透视［M］．南京：南京师范大学出版社，2000.
[64] 中国教育学会．新世纪教师专业化的理论与实践［M］．长春：东北师范大学出版社，2003.
[65] 周登篙．学校体育教学探索［M］．北京：人民体育出版社，2000.
[66] 朱宁波．中小学教师专业发展的理论与实践［M］．长春：吉林人民出版社，2002.
[67] 朱万银．高中体育与健康课程标准教师读本［M］．武汉：华中师范大学出版社，2003.
[68] 朱小蔓，等．新世纪教师教育的专业化走向［M］．南京：南京师范大学出版社，2003.
[69] 朱旭东，宋萑．中国教师荣誉制度研究［M］．北京：北京师范大学出版社，2013.
[70] 朱旭东．教师专业发展理论研究［M］．北京：北京师范大学出版社，2011.
[71] 安琦．国外高校教师评价制度与我国高校教师专业发展［J］．黑龙江高教研，2011（4）：74~77.
[72] 蔡德坤．体育课程改革期待新型体育教师［J］．体育与科学，2002（1）：79~81.
[73] 蔡宗模，吴朝平，杨慷慨．全球化视野下的“双一流”战略与地方院校的抉择［J］．重庆高教研究，2016（1）：24~32.
[74] 曾天山，于素梅．上好体育课体育教师是关键——谈体育教师专业发展［J］．体育教学，2014（2）：6~7.
[75] 常智．从教师教育的理念审视体育教育专业的改革［J］．北京体育大学学报，2003（3）：387~389.
[76] 陈东，章柳云，郝秀艳．高等学校体育教师专业发展的现状分析——以北京市教育部15所直属高校为例［J］．北京体育大学学报，2010（11）：94~97.
[77] 陈福昌．我国普通高校体育师资队伍的现状与发展对策研究［J］．山西师大体育学院学报，2003（2）：14~15.
[78] 陈琴，庞丽娟，许晓晖．论教师专业化［J］．高等师范教育研究，2002（6）：26~32.
[79] 陈向明，张玉荣．教师专业发展和学习为何要走向“校本”［J］．清华大学教育研究，2014（2）：36~43.
[80] 陈雁飞．体育教师如何进行教学反思［J］．北京体育大学学报，2005（9）：1246~1248.
[81] 陈作松，季浏．新体育课程的实施对体育教师提出的新要求［J］．北京体育大学学报，2004（3）：370~374.
[82] 崔允漷，王少非．教师专业发展即专业实践的改善［J］．教育研究，2014（9）：77~82.
[83] 丁广明．高校体育教师专业化发展的现实困境与超越策略［J］．河北师范大学学报（自然科学版），2007（6）：830~837.
[84] 董翠香．新中国体育教师在职培训50年回顾与展望［J］．中国体育科技，1998（12）：80~82.
[85] 董红刚，方新普．论体育教学改革与校本课程开发［J］．体育与科学，2009（1）：89~92.
[86] 樊彩萍．地方院校发展策略思考［J］．当代教育论坛，2004（1）：11~14.
[87] 樊莲香，张德新，李静波．学生体质与健康事关中华民族未来的兴衰与存亡——对学生

体质与健康状况下降问题的思考［J］. 北京体育大学学报，2006（12）：1661～1662.
［88］方新普，杨叶红．论校本课程开发与高校体育教师专业发展［J］. 安徽体育科技，2006（6）：48～50.
［89］高庆蓬．教师专业化：制约因素与发展方向［J］. 中国教育学刊，2005（1）：60～62.
［90］顾明远．教师的职业特点与教师专业化［J］. 教师教育研究，2004（6）：3～6.
［91］郭敏刚，王健．我国农村体育教师专业发展方式的现状、问题及转变策略［J］. 成都体育学院学报，2014（4）：85～90.
［92］胡春光．当前地方院校发展面临的若干问题论析［J］. 黑龙江高教研究，2004（10）：78～80.
［93］黄爱峰，方曙光．体育教师继续教育的有效性认识［J］. 西安体育学院学报，2008（2）：103～105.
［94］黄爱峰，王健．论体育教师专业“运动技能取向”的超越［J］. 天津体育学院学报，2005（5）：19～21.
［95］黄爱峰，吴昊，顾渊彦．新课改下的体育教师教育问题透视［J］. 北京体育大学学报，2005（2）：222～224.
［96］黄爱锋．体育教师职业专业化问题初探［J］. 浙江体育科学，2001（12）：24～27.
［97］黄白．农村教师专业发展：教育学改革的实践取向［J］. 教师教育研究，2006（6）：38～41.
［98］黄文仁，扬子良．论批判性反思在体育教师专业化发展中的作用［J］. 北京体育大学学报，2003（6）：795～797.
［99］黄仲佶．微格教研：高校教师教学技能提高的有效途径［J］. 兰州教育学院学报，2006（3）：40～42.
［100］加强目标管理深化教育改革提升基础能力——全国学校体育改革发展综述［J］. 体育教学，2014（4）：8～12.
［101］江红岩．从伯克利管理视角谈美国研究型大学的教师绩效评估［J］. 高等农业教育，2007（1）：88～91.
［102］蒋丰，王丽．论体育教师专业成长的有效途径［J］. 成都教育学院学报，2005（11）：102～104.
［103］蒋丰，张艳群．论体育教师专业发展的价值取向［J］. 四川体育科学，2005（3）：121～125.
［104］蒋竞莹．教师专业化及教师专业发展综述［J］. 教育探索，2004（4）：104～105，138.
［105］蒋晓丽．体育教师专业化与体育教师专业教育专业化研究［J］. 体育科技，2006（2）：9～12.
［106］黎琼锋，李辉，邓玉荣．高校教师评价：实践与构想［J］. 现代教育科学，2007（9）：106～109.
［107］李昌新，刘国瑜．基于教师教育专业发展的高校教学团队建设探讨［J］. 中国高教研究，2008（6）：49～51.
［108］李贵安，李铁绳，党怀兴．高校教师教育教学能力发展与课堂教学模式创新——以陕西师范大学为例［J］. 中国大学教学，2012（6）：26～28.

[109] 李娟，刘婷．新课程背景下体育教师专业发展的基本策略［J］．教学与管理，2010（18）：39~40.

[110] 李裕和，林文弢，翁锡全，等．本院体育教育专业学生专业素质现状的调查分析［J］．广州体育学院学报，2001（2）：118~120.

[111] 李长华．美国高校教师绩效评价［J］．国家教育行政学院学报，2007（5）：91~95.

[112] 李子江，李子兵．国外高校教师队伍建设的经验与特色［J］．大学教育科学，2006（1）：60~61.

[113] 林翠娟，杨海．高校青年体育教师专业发展的困境与对策研究［J］．长春教育学院学报，2015（2）：62~63.

[114] 林杰，李玲．美国大学教师发展的三种理论模型［J］．现代大学教育，2007（1）：62~66.

[115] 林杰．大学教师专业发展的内涵与策略［J］．大学教育科学，2006（1）：56~58.

[116] 刘凯．构建“专业学习共同体”，促进体育教师专业发展［J］．教育探索，2010（11）：112~113.

[117] 刘仁盛．学校体育课程资源开发与教师专业发展［J］．辽宁师范大学学报，2004（1）：72~73.

[118] 刘万海．教师专业发展：内涵、问题与趋向［J］．教育探索，2003（12）：103~105.

[119] 刘艳秋．教师专业化理念的建立和发展［J］．赤峰教育学院学报，2005（6）：98~99.

[120] 刘志宏．论中学体育教师专业素质的可持续发展［J］．当代教育论坛，2004（5）：82~83.

[121] 柳清秀，关红辉．高校课堂教学评价新模式及其特点探讨［J］．教育与职业，2004（12）：32~34.

[122] 卢乃贵，钟亚妮．国际视野中的教师专业发展［J］．比较教育研究，2006（7）：71~76.

[123] 鲁烨．高校教师专业化成长阶段的研究［J］．扬州大学学报（高教研究版），2010（5）：38~42.

[124] 吕济峰，王丹．教师专业发展的哲学思考［J］．边疆经济与文化，2005（12）：120~121.

[125] 吕军．基于高校岗位聘任的教师绩效考核研究［J］．中国成人教育，2010（6）：38~39.

[126] 马健生，鲍枫．美国高校教师教学专业发展探析——以西南密苏里州立大学为例［J］．比较教育研究，2005（10）：52~56.

[127] 马龙海．大学教师专业发展的途径探析——基于教学的视角［J］．中国高教研究，2010（11）：62~64.

[128] 马卫东，张波．论建构主义视野下高校体育教师评价［J］．体育成人教育学刊，2007（3）：63~65.

[129] 马卫平．21世纪体育教育专业人才培养模式和途径的探索［J］．北京体育大学学报，2003（2）：93~94.

[130] 毛亚庆，蔡宗模．建国以来高校教师专业发展的制度审视［J］．清华大学教育研究，

2010（6）：27~34.
[131] 潘健．普通高校在职体育教师专业发展情况调查与分析［J］．体育学刊，2009（7）：72~74.
[132] 潘凌云，王健．主体性视阈下体育教师专业发展的真实意蕴［J］．武汉体育学院学报，2011（6）：96~100.
[133] 潘凌云，王健．构建教师专业共同体促进体育教师专业发展［J］．武汉体育学院学报，2009（5）：91~95.
[134] 潘凌云．从自在自发到自由自觉——体育教师专业发展的突破与超越［J］．武汉体育学院学报，2008（6）：93~96.
[135] 潘凌云．体育教师的教学反思与专业发展［J］．体育科学研究，2008（2）：103~104.
[136] 曲铁华，冯茁，陈瑞武．教师专业发展与高等师范院校课程改革［J］．教育研究，2007（9）：71~76.
[137] 曲铁华，冯茁．基于学术特质的高校教师专业发展论［J］．教育研究，2009（1）：60~63.
[138] 曲铁华，冯茁．专业化：教师教育的理念与策略［J］．教师教育研究，2005（1）：10~15.
[139] 曲铁华，李娟．教师职前教育的理念创新与战略实现研究［J］．东北师大学报（哲学社会科学版），2009（3）：20~24.
[140] 曲铁华，牛海彬．高校教师专业发展途径解析［J］．现代教育科学，2007（5）：5~9.
[141] 曲铁华，王希海．论高校教师专业发展的动力与策略［J］．现代教育科学，2009（4）：77~80.
[142] 曲铁华．基于自我反思的教师缄默知识的显性化［J］．四川师范大学学报（社会科学版），2013（1）：89~93.
[143] 曲铁华．专业化语境下我国教师教育的困境与破解路径［J］．湖南师范大学教育科学学报，2012（4）：9~12.
[144] 任其平．论教师专业发展的生态化培养模式［J］．教育研究，2010（8）：62~66.
[145] 荣致琦．四川省高校体育专业师资现状调查与发展思考［J］．成都体育学院学报．2002（6）：37~39.
[146] 沈文淮，谢幼如，柯清超，等．高校教师教学发展中心促进教师教学能力发展的机制与模式［J］．中国电化教育，2012（12）：66~70.
[147] 施家瑜，李哲．高职院校体育教师专业自主发展的现状及对策［J］．北京体育大学学报，2011（4）：94~97.
[148] 时长江，陈仁涛，罗许成．专业学习共同体与教师合作文化［J］．教育发展研究，2007（22）：76~79.
[149] 宋广文，魏淑华．论教师专业发展［J］．教育研究，2005（7）：71~74.
[150] 孙鸿．近10年基础教育体育课程改革的评价与反思［J］．西安体育学院学报，2013（5）：616~620.
[151] 孙有平，张磊．中学体育教师专业化发展研究［J］．体育文化导刊，2008（7）：92~95.

[152] 檀坤华．科学定位特色发展——我国地方高等院校的发展战略选择［J］．国家教育行政学院学报，2008（4）：11~14.
[153] 唐元，李莹，钱毅恒．对河南省高校体育师资队伍现状及发展对策的研究［J］．北京体育大学学报，2001（2）：247~248.
[154] 汪海涛．高等师范体育专业现状与体育师资培养改革的思考［J］．四川体育科学，2001（1）：74~76.
[155] 王崇喜，周珂，周艳丽．新中国体育教师教育的演进与未来走向［J］．体育学刊，2012（4）：60~65.
[156] 王春玲，高益民．美国高校教师发展的兴起及组织化［J］．比较教育研究，2006（9）：56~61，87.
[157] 王港，邹保禄．论我国高校体育教师的专业素质结构［J］．西安体育学院学报，2005（6）：111~113.
[158] 王虎．论体育院校教师的专业素质在教学改革中的重要作用［J］．哈尔滨体育学院学报，2003（4）：69~70.
[159] 王健，季浏．体育教师教育课程改革的专业化取向［J］．上海体育学院学报，2008（1）：70~73，94.
[160] 王津．大学体育课堂教学评价指标体系研究［J］．天津体育学院学报，2006（5）：459~460.
[161] 王长纯．教师专业化发展：对教师的重新发现［J］．教育研究，2001（11）：45~48.
[162] 王志斌，陈湘丽，武文华．体育师资队伍建设的现状及发展对策研究［J］．教育与职业，2009（23）：59~60.
[163] 魏捷．高等院校如何助推教师专业发展［J］．教育研究，2010（5）：105~108.
[164] 吴丽萍．对高校师资队伍建设几个新问题的思考［J］．高等教育研究，2007（21）：61~62.
[165] 吴秋娟．21世纪我国体育教育改革应树立的几种理念［J］．上海体育学院学报，2002（3）：77~80.
[166] 吴小贻．高校教师合作文化论略［J］．中国高教研究，2006（8）：52~54.
[167] 吴长青，许瑞勋．专业化体育教师应具备的素质及其实现对策［J］．湖北体育科技，2006（1）：20~22.
[168] 吴志刚，李丽．青年体育教师专业发展阶段特征及策略探讨［J］．沈阳体育学院学报，2007（2）：83~85.
[169] 吴遵民，邓璐．终身学习与高校教师的专业发展［J］．大学教育科学，2007（5）：69~73.
[170] 夏茂林．美英两国高校教师绩效评价制度比较与思考［J］．湖南师范大学教育科学学报，2011（1）：74~77.
[171] 谢培松．大学教师专业化建设：一个不应忽视的问题［J］．中国电力教育，2007（3）：106~108.
[172] 熊德明，董泽芳．高校教师专业发展的目标追求［J］．现代教育管理，2010（8）：99~101.

[173] 熊燕，王晓蓬．教师专业学习共同体的内涵及生成要素 [J]．当代教育科学，2010（3）：29~31.
[174] 许弟群，夏思永．重庆市普通高校体育师资队伍现状与发展对策研究 [J]．湖北体育科技，2005（3）：313~316.
[175] 许凤琴．教师教育与教师专业化 [J]．高等师范教育研究，2003（5）：7~11.
[176] 薛素铎，李庆丰，李振泉，等．构建青年教师教学能力发展长效机制保证和促进本科教学质量可持续发展 [J]．中国大学教学，2010（5）：10~12.
[177] 闫保庆，杨秀城，闫保江．对北京市高校体育教师队伍师资培养的调查研究 [J]．北京体育大学学报，2003（5）：667~668.
[178] 阎智力，商伟．体育教师专业发展与校本课程开发 [J]．教育科学，2004（5）：54~57.
[179] 阳泽，杨润勇．自组织：教师专业发展的重要机制 [J]．教育研究，2013（10）：95~102.
[180] 杨宝忠．盘点与梳理：教师专业化发展 [J]．教育探索，2003（6）：105~106.
[181] 殷世东．生态取向教师专业发展的阻隔与运作 [J]．教师教育研究，2014（9）：36~41.
[182] 余帆．天津市高校青年体育教师现状调查及培养对策 [J]．武汉体育学院学报，2005（7）：115~117.
[183] 岳慧君，高协平．教师教育教学发展视角下的高校教学团队建设探讨 [J]．中国大学教学，2010（5）：13~16.
[184] 詹泽慧，李晓华．美国高校教师学习共同体的构建——对话美国迈阿密大学教学促进中心主任米尔顿·克斯教授 [J]．中国电化教育，2009（10）：1~6.
[185] 张贵新．对教师专业化的理念、现实与未来的探讨 [J]．外国教育研究，2002（2）：50~55.
[186] 张宏玉．论我国高校教师的专业发展及其途径 [J]．黑龙江高教研究，2008（6）：77~79.
[187] 张建平．高校教师专业发展的心理学思考 [J]．高教探索，2006（4）：87~89.
[188] 张鲲，陈长江．美国教师“专业发展学校”对我国教师教育的启迪——中小学体育教师职后教育方式的转变与发展 [J]．体育科研，2007（1）：91~93.
[189] 张丽丽，马志和，董宏伟，刘勇．高校体育教师专业发展的影响因素及对策研究 [J]．浙江体育科学，2009（5）：44~46，66.
[190] 张丽丽．高校体育教师的专业发展机制研究 [J]．山东体育科技，2007（4）：69~71.
[191] 张芊．以促进高校教师专业发展为导向的教学评价模式改革 [J]．清华大学教育研究，2006（6）：87~91.
[192] 张晓玲，杨烨．论教师教育视野下体育教育专业的改革与发展 [J]．北京体育大学学报，2008（4）：524~526.
[193] 张一春，杜华，王琴，等．高校教师教育技术能力标准的模型建构之研究 [J]．中国电化教育，2004（5）：26~30.
[194] 张意忠．高校教师合作：理论基础与实施策略 [J]．高等教育研究，2011（11）：41~

47, 75.
[195] 赵进，王健，周兵．基于教师专业标准的体育教师专业标准构建研究［J］．山东体育学院学报，2013（2）：100~104.
[196] 赵进．“标准本位”的体育教师教育构建的研究［J］．体育学刊，2010（11）：58~62.
[197] 郑伟锋．重视“案例”研究，促进体育教师专业成长［J］．体育师友，2006（2）：51~52.
[198] 钟富坤．教师专业化理论发展与教师教育模式的演变［J］．教学与管理，2002（11）：6~8.
[199] 仲云才，张宪成．对体育教师专业化发展的研究［J］．吉林体育学院学报，2005（2）：120~121.
[200] 周坤亮．何为有效的教师专业发展——基于十四份“有效的教师专业发展的特征列表”的分析［J］．教师教育研究，2014（1）：39~46.
[201] 周艳，钟海青．社会学意义的高校教师专业发展［J］．广西师范学院学报，2004（2）：79~83.
[202] 周幼惠．体育教师专业发展的影响因素及对策研究［J］．福建体育科技，2010（5）：47~49.
[203] 周月朗．高校教师校本培训的缺失与重建［J］．湖南社会学，2006（3）：163~165.
[204] 朱慧芳．上海市普通高校中青年体育教师专业发展的现状及其策略［J］．体育科研，2008（1）：91~93.
[205] 朱旭东，周钧．教师专业发展研究述评［J］．中国教育刊，2007（1）：68~73.
[206] 朱旭东．论教师专业发展的理论模型建构［J］．教育研究，2014（6）：81~90.
[207] 朱元利．体育教师专业化发展与体育教育专业课程改革的思考［J］．西安体育学院学报，2004（5）：88~90.
[208] 邹瑜，郭希，周雯艳，等．对江西省城区中学体育教师专业化现状的调查研究［J］．四川体育科学，2007（4）：133~136.
[209] 郭敏．体育教师专业化之研究［D］．武汉：华中师范大学，2004.
[210] 胡庆山．体育课程实施主体论［D］．武汉：华中师范大学，2009.
[211] 黄爱峰．体育教师教育专业化研究［D］．石家庄：河北师范大学，2005.
[212] 金利．地方本科高校教师教学能力发展研究［D］．重庆：西南大学，2014.
[213] 李林．体育课程内容资源开发的理论与实践［D］．北京：北京体育大学，2004.
[214] 宋会君．体育教师专业化之研究［D］．北京：北京体育大学，2005.
[215] 许瑞勋．中国体育教师教育的改革审视与创新研究［D］．福州：福建师范大学，2007.
[216] 尹志华．中国体育教师专业标准体系的探索性研究［D］．上海：华东师范大学，2014.
[217] Arich Lewy. The International Encyclopedia of Curriculum［M］. Oxford：Pergamon Press，2001.
[218] Bledstein，Burton J. Discussing Terms：Professions，Professionals，and Professionalism. Prospects：An Annual of American Cultural Studies［C］. New York：Cambridge University Press（Volume Ten），2005.
[219] Bryman Alan. Social Research Methods［M］. Oxford：Oxford University Press，2001.
[220] David Carr. Professionalism and Ethics in Teaching［M］. London and New York：

Routledge, 2000.

[221] Denzin. N K. The Research Act [M]. Englewood Cliffs, NJ: Prentice Hall, 1989.

[222] Juan Miguel, Fernandez Balboa. Knowledge base in Physical Education Teacher Education: A Proposal for a New Era [J]. Quest, 1997 (2) .

[223] Greene J C, Caracelli V J, Graham W F. Toward a Conceptual Framework for Mixed-method Evaluation Designs [J]. Educational Evaluation and Policy Analysis, 1989, 11 (3) .

[224] Hargreaves A. Development and Desire: A Postmodern Perspective [C] . R. Guskey & M. Huberman (Eds.), Professional Development in Education: New Paradigms and Practices. New York: Teachers College Press, 1995: 9~34.

[225] Hargreaves Andy, Michael Fullan. Understanding Teacher Development, Cassell & Teachers College Press, 1992.

[226] Lorin W, Anderson. International Encyclopedia of Teaching and Teacher Education [M]. UK: Elsevier Science Ltd. , 2005: 6.

[227] Marie France Daniel, Sheryle Bergman Drewe. Higher - Order Thinking, Philosophy, and Teacher Education in Physical Education [J]. Quest, 1998 (1) .

[228] Maurice Pieron, Fransisco Carreiroda Costa. Seeking Expert Teachers in Physical Education and Sport [J]. European Journal of Physical Education, 1996 (1) .

[229] Naomi Fejgin, Ronit Hanegby. School Based In-service Training of Teachers [J]. European Journal of Physical Education, 1999 (1) .

[230] Nico Verloop, Jan Van Driel, Paulien Meijer. Teacher Knowledge and the Knowledge Base of Teaching [J]. International Journal of Educational Research, 2001 (5) .

[231] Niki Tsangaridou, Mary O'Sulliva. The Role of Reflection in Shaping Physical Education Teachers' Educational Values and Practices [J]. Journal of Teaching in Physical Education, 2007 (1) .

[232] Ornstein Levine. An Introduction to the Foundations of Education [M]. Boston: Houghton Mifflin Company, 2008.

[233] Steffy. Teacher Career Development Pattern [J]. Teacher Development, 2000 (3) .

[234] The Holmes Group. Tomorrow's Schools [M]. East Lansing, Mich, 2000.

[235] The Holmes Group. Tomorrow's Schools of Education [M]. East Lansing, Mich, 1995.

[236] Thomas S Popkewitz . Professionalization in Teaching and Teacher Education: Some Notes on its History, Ideology, and Potential [J]. Teaching and Teacher Education, 2004 (1) .

附　录

附录一　地方高校体育教师专业发展调查问卷

尊敬的老师：

您好！

为了对地方高校体育教师的专业发展情况进行了解，我们设计了本问卷。对于问卷中您所填写的内容，我们仅做研究之用，不会造成您的隐私泄露，请您放心填答，感谢您的配合！

一、基本信息部分

1. 您的性别（　　）

A. 男　　B. 女

2. 您的年龄：________年（注：请填写周岁）

3. 您的教龄：________年；您在本校的任教年限：________年

4. 您的职称（　　）

A. 教授　　B. 副教授　　C. 讲师　　D. 助教

5. 您的岗位级别是________级岗（注：范围为1~13级）

6. 您当前的最终学历（　　）（注：硕士或博士在读的请填写前置学历）

A. 学士　　B. 硕士　　C. 博士

7. 您所在的专业是（　　）

A. 体育人文社会学　　B. 运动人体科学

C. 体育教育训练学　　D. 民族传统体育学

8. 您当前是（　　）

A. 硕士生导师　　B. 硕士和博士生导师　　C. 尚不是研究生导师

9. 您当前的授课对象有（　　）

A. 只有本科生　　B. 本科和硕士生　　C. 本、硕、博均有

10. 您在本单位的行政职务级别（　　）

A. 无行政职务　　B. 副科级　　C. 正科级

D. 副处级　　E. 正处级

11. 您在其他高校的兼职情况（　　）

A. 兼职研究生导师　　B. 兼职行政管理人员

C. A 和 B　　　　D. 无兼职

12. 您的婚姻情况（　　）

A. 未婚　　B. 已婚　　C. 离异　　D. 丧偶

13. 您的生育情况（　　）

A. 已生育，孩子未成年

B. 已生育，孩子已成年

C. 未生育

14. 您承担的教学工作有（　　）（可多选）

A. 公共体育教学　　B. 体育专业“术科”课教学

C. 体育专业“理论”课教学　　D. 其他课教学

二、主体问题部分

15. 在进入本校任教时参加过入职培训吗（　　）

A. 参加过　　B. 没有参加　　C. 记不清了

16. 入职培训的内容有哪些（　　）（可多选）

A. 高校政策法规　B. 教育学和心理学知识

C. 职业道德知识　D. 教学技能培训　　E. 其他

17. 专业知识培训通常是采用什么方式进行的（　　）（可多选）

A. 讲座式　　B. 座谈式　　C. 观摩式

D. 师徒式　　E. 其他

18. 您所参加的讲座式培训在内容讲授上（　　）

A. 均是理论讲授

B. 理论讲授为主偶有举例

C. 结合现实为主理论为辅

19. 您觉得专业知识培训的学校效果怎么样（　　）

A. 非常好　　B. 比较好　　C. 比较差　　D. 非常差

20. 您觉得入职培训的内容适合您的工作需求吗（　　）

A. 完全适合　　B. 比较适合

C. 比较不适合　　D. 完全不适合

21. 学校每年会组织培训吗（　　）

A. 每年都会　　B. 隔几年会组织　　C. 从来不组织

22. 在从教之前您学习过教育学、心理学等知识吗（　　）

A. 系统性地学过　B. 片段性地学过　　C. 完全没学过

23. 您是如何学习教育学、心理学等知识的（　　）

A. 通过上学时的课程　　B. 自学

C. 当前学校组织学习　　　　D. 没学过

24. 您所在的学校有没有组织你们学习职业道德相关内容（　　）

A. 完全没有　　　　B. 一两次

C. 较多次　　　　D. 经常组织

25. 您感觉学校组织的职业道德学习的效果怎么样（　　）

A. 效果很好　　B. 效果较好　　C. 效果较差

D. 效果很差　　E. 没组织学习

26. 学校组织你们系统地学习过的有（　　）（可多选）

A. 高等教育相关法律　　　　B. 高等教育相关政策

C. 学校相关政策　　　　D. 没学习过

27. 您关于高校相关法律政策的知识是通过何种方式获得的（　　）

A. 学校组织学习　B. 自己平时积累　　C 二者兼有

28. 最近三年内您有没有参加过专业知识的培训（　　）

A. 参加过　　B. 没参加

29. 下列哪些是您在入职后参加过的学历学习活动（　　）

A. 在职研究生　　　　B. 全日制脱产研究生

C. 同等学力研究生　　　　D. 没参加

30. 下列哪些是您在近三年参加过的非学历学习活动（　　）（可多选）

A. 单科进修　　　　B. 国内访问学者

C. 国外访问学者　　　　D. 各种短期培训

31. 您平均每天花费在看专业相关书刊上的时间大约为________小时

32. 在晋升职称的条件中，哪些内容最被看重（　　）（限选两项）

A. 论文发表　　B. 课题主持　　C. 教学成效

D. 在校资历　　E. 行政职务

33. 据您所知，在年终奖的发放中，哪项内容所占的比重最大（　　）

A. 科研成果　　B. 教学工作量　　C. 平日表现

34. 您每周给本科生上课________课时

35. 学校有没有组织有关教学技能方面的培训课程（　　）

A. 经常组织　　B. 较少组织　　C. 从不组织

36. 您的教学技能相关知识是如何积累的（　　）（可多选）

A. 学校组织的培训　　　　B. 自己花钱培训

C. 利用网络等自学　　　　D. 实践中自己摸索

37. 您对自己目前的工作感到满意吗（　　）

A. 满意　　B. 不满意　　C. 说不好

38. 您有离开本校去其他学校工作的想法吗（　　）

A. 有　　B. 没有　　C. 说不好

39. 您有离开高校去从事其他工作的想法吗（　　）

A. 有　　B. 没有　　C. 说不好

40. 您觉得您所在的专业（　　）

A. 非常好　　B. 比较好

C. 比较差　　D. 非常差

41. 您有为您的专业感到自豪吗（　　）

A. 经常有　　B. 偶尔有　　C. 从没有

再次感谢您的回答，谢谢！

附录二　地方高校体育教师专业发展访谈提纲

基本信息部分

人口特征：年龄、性别、婚育

工作特征：学历、职称、任教年限

主体问题部分

1. 您在进入本单位后，参加的专业发展活动多不多，都有哪些？简单进行介绍。

2. 这些专业发展活动由谁组织，形式和内容有哪些，您觉得这些活动的效果如何？

3. 学校是否有针对新教工的入职培训，内容和形式是什么？您是否参加过，效果如何？

4. 您自己就自身专业知识和技能的发展进行过哪些提升活动，效果如何？

5. 您觉得哪些活动对自身专业发展（包括专业知识和技能发展）的效果最好，为什么？

6. 为了促进体育教师专业发展，您觉得学校和学院应该做哪些工作，当前学校和学院在此方面的表现如何？

7. 您觉得在促进教师专业发展方面，除学校和学院外，还有哪些组织或实体应该做出努力，如何做出努力，为什么？

8. 对自己的专业能力做出评价，并谈谈自己的专业发展规划？